Ich möchte, dass dies dein Lieblings-backbuch wird
POST CARD.
Made in Germany
3315

be
INSPIRED
by cookies

backen
mit
Love
100% handmade and with
Rezepte
aus dem
rosa Haus

get ready for baking at the
PINK HOUSE

Pop up Tearoom
Guestbook
CHERRY
backen
mit LOVE
EDEL VERLAG
andrea stolzenberger

der Inhalt dieses Buches

charming vintage feel

früh~ling

cookie kitchen

birthday candles

som~mer

her~bst

winter

something to make

HUBBY TESTED RECIPES
hello
my
name is

Hallo!

Mein Name ist Andrea und ich backe sehr gerne Kuchen. Ich lebe mit meinem Mann in einem rosa Haus. Außer Backen mag ich Dinge im Haus dekorieren. Mit ein paar Ideen und etwas "crafty" Handarbeit sieht dann alles hübsch aus. In diesem Buch habe ich für Dich etwa ein Jahr im rosa Haus festgehalten. Ich hoffe, es inspiriert Dich zu eigenen Back- und Deko-Ideen. Probier's einfach aus. Du bekommst das hin.

Viel Spaß dabei.

andrea

PS:
Besuch doch mal meinen Blog
www.cutecottageoverload.com

To my Valentine

happy VALENTINES DAY to you

Ich liebe den 14.2. und erinnere meinen Mann schon Wochen vorher daran. Er vergisst es sonst, das darf natürlich nicht sein.

s. 10

Victorian LIFE CAKES

kleine Gewürzküchlein

Ja, diese kleinen Rührkuchenherzen heißen wirklich so. Während der victorianischen Zeit waren diese Herzen wohl das übliche Valentinstaggeschenk.

Das Backblech mit den Herzausbuchtungen habe ich in England gefunden. Du kannst den Teig natürlich in jeder beliebigen Form backen, wenn gerade keine Herzen zur Stelle sind.

Zutaten:

225g Butter

170G dunkler / brauner Zucker

1 Ei

340g MEHL

1 Tl Backpulver

1/2 Tl. Salz

1 TL. Nelken

2 Tl ZIMT

2 Tl. INGWER Pulver

Puderzucker ZUM Bestäuben

Butter und Zucker zusammenrühren, das Ei dazutun. Nun alle anderen trockenen Zutaten darunter mischen. So lange rühren, bis ein glatter Teig entsteht. Bei mir war der Teig so weich, dass ich ihn noch 30 Min. im Kühlschrank gekühlt habe. Nun entweder in Formen drücken oder den Teig ausrollen und ausstechen. Danach noch mal 30 Min. kühlen. Im vorgeheizten Ofen bei 180 Grad C etwa 10-15 Min. (je nach Größe) backen bis sie braun sind. Danach mit Puderzucker bestäuben. Das sieht auch wie auf dem Foto gut aus, wenn man dafür eine Schablone verwendet.

s. 12

RASPBERRY OATMEAL SQUARES

Himbeer Haferflocken Ecken

Ich war in London und habe dort auf dem Spitalfield Market diese Himbeerecken entdeckt. Ich mag sie ganz arg und hab sie für Dich gleich mal nachgebacken.

Für den Teig:

- 115g Butter
- 200g brauner Zucker
- 1 Ei
- 1 Tl. Vanille Extrakt
- 165g Mehl
- 1/2 Tl. Backpulver
- 1/4 Tl. Salz
- 180g grobe Haferflocken

Für die Füllung:

- 240 ml Himbeermarmelade

Alles in einer Schüssel zusammenmischen. Ich mache das von Hand. 2/3 vom Teig kommt als Boden in eine quadratische 23 x 23 cm Backform, oder in eine runde. Je nachdem welchen „Shape" Du möchtest. Nun die Marmelade über dem Teigboden verteilen. Den restlichen Teig als Streusel darüber geben. Im Ofen bei 180 Grad C ca. 30 Min. backen. Nach dem Abkühlen, kannst Du den Kuchen in Stücke schneiden.

XOXO

Caramel
Apple

Lemon drizzle cake

Zitronen-Kuchen (mit extra Zitronensaft beträufelt)

Diesen Kuchen beträufle ich nach dem Backen nochmal mit Zitronensaft, deshalb schmeckt der so toll saftig sauer (ich mach das sogar 2Mal, für extra saftig + extra sauer, hihi ...). Dass er in einer Herzbackform gebacken wird sieht man am Ende nicht mehr, weil ich ihn für alle Gäste immer in kleine Stücke schneide.

Zutaten:

225G Butter
225g ZUCKER
SCHALE VON 3 Zitronen
Saft von 3 Zitronen
4 Eier
200G Mehl
2 Tl. Backpulver
50g MANDELN gemahlen
1 El. Zucker
100G extra Zucker

Butter und Zucker zusammenrühren. Die Zitronenschale von 2 Zitronen dazugeben und Eier nacheinander einrühren. Das Mehl mit dem Backpulver unterrühren + Mandeln dazugeben. Zum Schluss den Saft von 2 Zitronen. Den Teig in eine 20 cm Springform füllen und mit dem Essl. Zucker bestreuen. Im vorgeheizten Ofen bei 180 Grad C 1 Stunde backen. 10 Min. abkühlen. Mit dem extra Zucker und dem Saft der 3. Zitrone ein „Icing" zubereiten und auf den Kuchen auftragen.

No.

Date

Coffee & walnut cake

Kaffee & Walnusskuchen

Der Kuchen ist nicht nur was für Kaffeeliebhaber. Eigentlich trinke ich viel lieber Tee, aber den Kuchen finde ich trotzdem super. Auch hier wird wieder der fertige Kuchen noch mit einem Kaffeesirup getränkt. Das macht ihn einfach saftiger & noch ein bisschen mehr kaffeelastig.

S. 18

Für den Teig:

300g Butter
300g Zucker
5 Eier
300g **Mehl**
2 TL. Backpulver
4 El **starker Kaffee** (kalt)

Alle Zutaten in der Küchenmaschine zusammenrühren, in 2 Springformen (22 cm) verteilen und bei 180 Grad C 30 Min. backen.

Sirup:

60ml starker Kaffee
50g Puderzucker

Verrühren & nach dem Backen auf den beiden Böden verteilen.

Walnusspraline:

120G Zucker
150g **Walnüsse** gehackt

Den Zucker mit 1 Tl. Wasser in einem Topf aufkochen. Nicht rühren und warten bis der Zucker karamellfarben ist. Dann die Walnüsse zugeben und umrühren. Alles auf ein geöltes Backblech geben + kalt werden lassen. Die karamellisierten Walnüsse müssen nun in einer Küchenmaschine klein gehackt werden. Hast Du keine, mach es einfach von Hand.

Icing:

200g Butter
400g Puderzucker
3 El **starker** Kaffee (kalt)

Alles zusammenrühren. Die Hälfte des Icings auf einem Boden verteilen. Die Hälfte der Walnüsse drauf und den 2. Boden darüber. Mit dem restlichen Icing und Walnüssen „toppen".

Käsekuchen

mit Mohn

Das ist so ein typisch deutscher Käsekuchen, nicht mit Frischkäse, sondern mit Quark. Die zusätzliche Lage innendrin mit Mohn macht ihn noch interessanter. Allerdings musst Du die Mohnfüllung auch extra vorkochen, ist also ein bisschen aufwändig. Ich habe übrigens den Fehler gemacht, den Kuchen über Nacht in der Springform auf dem Backpapier abkühlen zu lassen. Ahhhh ... keine gute Idee! Der Kuchen ist so feucht durch den Quark, dass ich ihn nicht mehr vom Papier runter bekommen habe. Also doch besser auf ein Gitter ziehen und mit Alufolie abdecken.

Mürbeteig:

- 120 g Stärkemehl
- 200 g Mehl
- 1/2 Tl. Backpulver
- 1/2 Tl. Salz
- 1 Ei + 1 Eigelb
- 150 g kalte Butter
- 120 g Puderzucker

Alles zu einem Teig kneten und eine Stunde kühl stellen.

I love my KITCHEN

Mohnmasse:

450ml Milch
90g Mohn trocken
50g Butter
75g Zucker
50g Hartweizengrieß

Milch mit Mohn, Butter und Zucker aufkochen. Grieß einrühren + 2 Min. einkochen. Die Masse muss richtig dick werden!

28 cm Springform mit dem Mürbeteig auslegen. Einen Rand formen und andrücken. Den Boden mit einer Gabel einstechen + Teig noch mal kühlen.

Quarkfüllung:

800g Magerquark
5 Eier getrennt
200g Zucker
100g Mehl
1 Tl. Vanille Extrakt
100ml Milch
Schale von 1 Zitrone
250ml Sahne

Zucker mit Mehl, Vanillezucker, Milch + Eigelb verrühren. Quark und Zitronenschale unterrühren. Eiweiß + Sahne musst Du getrennt jeweils steif schlagen. Beides unter die Quarkmasse heben.

Die Mohnmasse auf dem Teigboden verteilen. Dann darüber die Quarkmasse einfüllen. Den Kuchen im vorgeheizten Ofen bei 180 Grad C 50-60 Min. backen.

BUNNY
side up

s. 23

Frohe Ostern

YUMMIE CHALLAH BREAD

Das ist ein Jüdisches Brot, ähnlich dem Hefezopf, aber reichhaltiger und nicht so süß. Ich backe es immer für French Toast, aber Du kannst es natürlich auch "pur" essen.

Man kann daraus auch tolle Sandwiches machen. Aus den 1,25 kg Mehl wird ein Riesenbrot, das den ganzen Backofen einnimmt oder 3 kleine Brote.

Ich friere gerne einzelne Scheiben ein, so kann ich sonntags immer schnell French Toast machen.

Zutaten:

42G **frische Hefe**
oder 2 Pkg. Trockenhefe

1 PRISE ZUCKER

550ml warmes Wasser

zusammenrühren und

15 Min. gehen lassen

2 **Eier**

125 ML Pflanzenöl

Schale **1 Zitrone**

Schale 1 ORANGE

gerieben

zusammenrühren

1,25 KG Mehl

1 TL **Salz**

100g Zucker

Nach der Gehzeit die Hefemischung in die trockenen Zutaten rühren. Danach die Eier/Öl Mischung zugeben.

Am besten alles mit einer Maschine mit Knethaken gut verkneten. Danach auf die Arbeitsfläche heben und von Hand weitermachen, bis der Teig ganz glatt ist. Nun den Teig 1 Std. gehen lassen. Den Ofen kannst Du jetzt schon auf 180 Grad C vorheizen. Knete den Teig nach dem Gehen noch mal kurz durch. Zum Zopfflechten gibt es etwa 3 Mio. Möglichkeiten (such mal im Internet nach „challah bread braiding"). Ich mache es mir da immer einfach. Ich teile den Teig in 4 Portionen. Aus 3 Portionen rolle ich Würste und flechte die wie einen normalen Hefezopf. Die 4. Portion teile ich in 3 und flechte daraus noch mal ein kleines Brot in gleicher Länge. Das setze ich dann obendrauf. Das sieht sehr gut aus, wenn es gebacken ist. Zum Schluss noch ein Eigelb mit 2 El. Wasser mischen und den Zopf damit einpinseln. Wenn Du möchtest, kannst Du jetzt noch Sesam oder Mohn darauf „sprinkeln". Das Challah Bread muss 50 Min. backen und wird richtig goldbraun. Wenn Du mehrere kleinere Brote gemacht hast reduziere die Backzeit auf 30 Min. Vor dem Aufschneiden etwas abkühlen lassen. Das perfekte Challah Bread hat innen eine richtig schön gelbe Farbe.

S. 26

French Toast

ARMER RITTER

Das Challah Bread ist perfekt dafür. Bei mir kann eine „Scheibe" davon für French Toast bis zu 5 cm dick sein. Probier selbst, wie Du es am liebsten magst.

Für 5 Portionen:

- 4 EIER
- 125 ml MILCH
- 1 Prise Zimt
- 1 EL. Zucker

Das ist Deine Eimasse. Wende die Scheibe darin, bis sie sich richtig vollgesogen hat. Dann in einer Pfanne mit etwas Fett ausbraten.

Wenn ich viele Gäste habe, lege ich die getunkten Scheiben auch schon mal in eine Auflaufform. „On Top" kannst Du auch noch ein paar Früchte legen (sieht gut aus). Im Ofen dann ca. 30 Min. bei 180 Grad C backen. Ahornsirup beim Servieren nicht vergessen.

S. 27

HAFERFLOCKEN KEKSE MIT M+M'S

Ich habe in einem holländischen Supermarkt M&M's in Frühlingsfarben entdeckt. Weil ich nicht alle direkt aus der Hand essen wollte, dachte ich mir, man kann die sicher auch gut in Kekse einbacken. Gesagt, getan und schon hatte ich mein Backprojekt für den Karfreitag. Da nicht immer alle meine komischen Ideen etwas werden, war ich sehr überrascht, wie gut die schmecken.

S. 28

MAIN STREET MARKET
THE HOME OF QUALITY
CENTERVILLE, IOWA
Phones 393 or 92
Date 195
Mr. and Mrs.
Reg. No. Clerk Account Forwarded

Ahornsirupbutter:

1 170G weiche Butter
2
3 240 ml **Ahornsirup**
4
5 Zusammenrühren
6 (ich habe dafür einen
7
8 kleinen Schneebesen)
9
10 Den Rest der Butter
11 aufheben, schmeckt toll auf
12
13 Challah Brot.
14

2

8110 Your account stated to date. If error is found, return at once.

happy easter!

Prima

Observaciones

Zutaten Kekse:

- 225G Butter
- 6 El. AHORNSIRUP-BUTTER
- **150g** brauner Zucker
- 2 **Eier**
- 1 TL. Vanille Extrakt
- **190g** MEHL
- 1 TL. Backpulver
- 1 Tl. **Zimt**
- 1/2 Tl. SALZ
- **250g** zarte HAFERFLOCKEN
- 50g **Walnüsse** zerkleinert
- **200g** Erdnuss M&M's **Farbe egal**

N°

Residencia

Alle Zutaten zusammen-
mixen. Dies habe ich von
Hand gemacht. Bei den M&M's
vorsichtig sein, damit sie
beim Unterrühren nicht
beschädigt werden. Du willst sie
nacher ganz in den Keksen
haben.

Mit Hilfe von 2 Teelöffeln habe
ich dann ca. 25-30 Häufchen
auf 3 Backbleche verteilt.
Die Teigmenge zum Backen hängt
halt stark davon ab, wie viel vom
Teig Du schon vorher probiert
hast. Achte darauf, dass zwischen
den Cookies genug Platz ist. Sie
verlaufen beim Backen ziemlich
breit. Den Ofen auf 180 Grad C
vorheizen und die Cookies
15-20 Min. backen.

Rezept für Kekse
auf S. 175

Royal Icing:

1 Eiweiß
ca. 200-250g
Puderzucker

Anna's bester Eierlikörkuchen

Meine Freundin Anna backt neuerdings nicht nur Hochzeitstorten, sondern hat mit diesem "unglaublichen" Eierlikörkuchen begonnen. Und irgendwie immer, wenn wir telefonieren, macht sie diesen Kuchen. Anna steht nicht so sehr auf "Vintage"-Design, daher versuche ich die nächsten Seiten etwas mehr in ihrem Stil zu gestalten. Da ich Eierlikör schon seit Jahren immer selber mache, haben wir uns bei ihr zu Hause zum Backen verabredet. Ich mit dem selbst gemachten Eierlikör unterm Arm + die Anna mit den übrigen Kuchen Zutaten und einer neuen Chrysanthemen Backform. Du kannst den Teig natürlich auch in einer Guglhupf Form oder auch jeder anderen Backform backen. Der gelingt immer.

Zutaten:

6 Eier

250g PUDERZUCKER

2 TL. Vanille Extrakt

300 ml Pflanzenöl

300 ML Eierlikör es geht natürlich auch gekaufter

150g MEHL

150G Stärke

12g Backpulver

1 PRISE Salz

} trockene Zutaten

Der Kuchen wird nach dem Backen mit einer Mischung aus Eierlikör und Rum getränkt und danach mit Puderzucker bestäubt.

160ML Eierlikör

160 ml RUM

Puderzucker

Für den Teig die Eier mit dem Puderzucker + Vanille auf hoher Stufe verrühren. Danach Öl, Eierlikör dazugeben. Zum Schluss die trockenen Zutaten unterheben.

Danach den Teig in eine Backform füllen. Ich benutze auch gerne das Backblech mit den kleinen Gugelhupfformen. Das kannst Du auch gut dafür verwenden. In die Löcher in der Mitte kannst Du dann zum Servieren noch einen extra Schuss Eierlikör reinlöffeln. Bei 180 Grad C entweder 60 Min. (große Backform) oder 25 Min. (kleine Gugelhupfe) backen.

Nach dem Backen musst Du schon 15 Min. warten, bis Du den Kuchen aus der Form lösen kannst. Nun den Kuchen mit Eierlikör/Rum Mischung tränken. Nimm am besten einen Pinsel dafür. Vor dem Servieren etwas Puderzucker darüber stäuben und natürlich ein Klecks Eierlikör, hmmm.

S. 34

Eierlikör:

alles zusammenmischen

350g **Kondensmilch** gezuckert

250g Puderzucker

8-10 **Eigelb**

1 Vanille Schote
Mark ausgekratzt

125 ml **REINER ALKOHOL** (Apotheke)

1 El. **RUM** (54 %)

SILVIA'S + GUIDO'S TEA PARTY

Als die Silvia mich anrief um zu fragen, ob ich nicht einen Afternoon Tea bei ihr Zuhause machen kann (so mit Deko + allem drum & dran), war ich Feuer + Flamme. So für 6-8 Freundinnen, kein Problem für mich. Etwa eine Woche später hat sie dann doch noch ein paar weitere Personen nachgemeldet, zu dem Zeitpunkt waren wir bei 20. Und noch ne Woche später hat mir eine kleinlaute Silvia dann gebeichtet, dass wir mittlerweile bei über 30 Personen angekommen waren. Alles kein Problem. Das bedeutete nur a.) viel Kuchen für's Buffet und b.) die gemieteten Bierbankgarnituren mussten mal wieder durch gemalte Tischsets hübsch gemacht werden. Wir hatten Glück + es war super Wetter und alles konnte im Garten stattfinden. Perfekt.

S. 36

RHABARBER CRUMBLE

1

Das super Praktische an dem Rhabarberstreusel ist: Du kannst den schon Stunden vorher zubereiten. Wenn Du ihn dann fertig brauchst, musst Du die Schalen nur noch in den Ofen schieben + ne halbe Stunde warten – fertig! Ich mache auch oft die Streusel schon 2 Tage vorher fertig und stelle sie in den Kühlschrank. Das macht denen gar nichts aus. Am besten gefällt mir, wenn beim Backen die Flüssigkeit zwischen den Streuseln hochbrodelt. Das ist auch das Zeichen, dass der Crumble fertig ist.

No.

Zutaten für ca. 6 Schalen:

1 KG Rhabarber
4 El. ORANGENSAFT
1 Tl. Vanille Extrakt

Streusel:

125g brauner Zucker
100G Mehl
75g GROBE Haferflocken
1 TL. Zimt
1 Prise Salz
125g WEICHE BUTTER

No 1

Ich mische auch gerne Rhabarber mit Erdbeeren. So im Verhältnis 70:30. Du kannst natürlich auch jedes andere Obst dafür verwenden. Den Rhabarber kannst Du roh verwenden. Ich teile dicke Stangen noch mal, um kleine Stücke zu bekommen. Vorher natürlich schälen. Mit dem O-Saft und dem Vanille Extrakt mischen und in 6 kleine ofenfeste Formen geben. Diese buttere ich vorher immer aus. Nun alle Zutaten für die Streusel mischen. Wenn ich den Crumble zur Weihnachtszeit mit gefrorenem Rhabarber mache, gebe ich immer gleich einen El. Zimt an die Streusel. Dann auf alle 6 Förmchen verteilen. Gerne etwas auftürmen, weil sie beim Backen etwas zusammenfallen. Bei 180 Grad C 30 Min. goldbraun backen. Für den Genießer mit Vanille Eis noch heiß servieren.

NEW YORK CHEESE CAKE

2

Es gibt ja viele verschiedene Varianten von Käsekuchen, diese hier ist die amerikanische, bei der die Füllung mit Frischkäse + nicht mit Quark gemacht wird. Schmeckt total anders, ist sehr lecker! Du kannst den Cheesecake mit oder ohne Topping obendrauf machen. Meine Erfahrung ist aber immer: Mit Topping kommt der sehr gut an.

Für den Biskuitboden:

3 Eier getrennt
70g Zucker
1 Tl. Vanille Extrakt
1 Tl. Zitronenschale gerieben
35G Mehl 30G Stärke
1 Tl. Backpulver
1 prise Salz
45g Butter zerlassen
25g Zucker für das Eiweiß

Du musst die Eigelbe mit dem Zucker aufschlagen, bis die Masse hellgelb ist. Danach Vanille und Zitrone untermischen. Nun Mehl, Stärke, Backpulver und Salz darunter heben und mit dem Schneebesen unterrühren. Die zerlassene Butter dazugeben. Zum Schluss die Eiweiße steif schlagen, Zucker hineinrieseln lassen. Alles unterheben.

No.

Diesen Biskuit Teig in eine 26 cm Springform löffeln und bei 180 Grad C 10 Min. backen – nicht länger!

Füllung:

- 900G Frischkäse
- 320g Zucker
- 30G Stärke
- 1 TL. Vanille Extrakt
- 2 EIER
- 175ml Sahne

Topping:

- 340G gefrorene Blaubeeren
- 1 EL. Stärke
- 50G Zucker
- geriebene Schale 1 ZITRONE

No 2

Den Frischkäse mit dem Zucker mit einem Handrührgerät verrühren. Danach die Stärke, Vanille und Eier dazugeben. Zum Schluss die Sahne. Diese Käsemasse auf den vorgebackenen Boden geben und bei gleicher Temperatur 60 Min. backen. Wenn Du ein Topping machen willst: Alle Zutaten mit 1 El. Saft in einem Topf 1-2 Min. aufkochen + über dem Kuchen verteilen.

APFEL KÜCH LEIN

+ zimt
+ zucker

Wenn Du kein Backblech mit Guglhupf Vertiefungen hast, kannst Du den Teig natürlich in Jeder beliebigen Backform backen. Jedoch: Diese kleinen Guglhupfe sind so praktisch! Ich backe die auch gerne zum Mitbringen oder für's Picknick. Nach dem Backen werden die in einer Zucker-Zimt Mischung gewälzt. Ich fülle dann den Zimtzucker gleich in eine flache Blechdose, wälze die Guglhupfe darin und nehme dann die ganze Dose so mit zur Party. Das sieht super aus und die bleiben Ja dann auch immer schön frisch in der Dose.

WELCOME
to my garden
CHIVERS
Lemon Curd
Smooth – 320g

S. 42

Zutaten:

- 250g Butter
- 175g brauner Zucker
- 125ML Ahornsirup
- 4 Eier
- 375G Mehl
- 1,5 Tl. BACKPULVER
- 2 TL. Zimt
- 6 Äpfel geschält geraspelt
- 1 El. Zimt } zum wälzen
- 220G Zucker } zum wälzen

No 3

Butter mit Zucker, Ahornsirup und Eiern verrühren. Danach das Mehl mit dem Backpulver + Zimt dazugeben. Zum Schluss die graspelten Äpfel unterheben. Die Guglhupfbackform sprühe ich entweder mit Backspray ein oder ich pinsel sie supergründlich mit weicher Butter ein. Wenn Du den Teig in die Förmchen gefüllt hast, müssen die Guglhupfe ca. 20-25 Min. bei 180 Grad C backen. Danach sofort aus der Form stürzen und in der Zucker und Zimt Mischung wälzen.

Rezept auf der nächsten Seite

No. Date.

kekse als teebeutel

Für einen Afternoon Tea fand ich die Idee mit den Teebeutel ‚geshapten' Keksen ganz toll. Als Etikett konnte ich nochmals Silvias und Guidos Namen einsetzen. Die Kekse habe ich dann überall auf dem Kuchenbuffet und den Tischen verteilt. Für die Kekse habe ich mein Standardrezept (S. 175) verwendet (die mit dem Lochmuster). Da der Teig ja gekühlt wird vor dem Ausstechen, kannst Du mit dem Messer ganz klare Linien schneiden. Vergiss nicht vor dem Backen mit einem Zahnstocher ein Loch reinzustechen wo nachher die Schnur durchkommt. Ich habe die „Teebeutelkekse" dann noch in Schokolade getunkt, um sie wie „nass" aussehen zu lassen, noch echter halt. Für die Etiketten brauchst Du einen sogenannten „Puncher". Ich habe gleich auf Klebeetiketten A4 gedruckt, damit die ausgestanzten Etiketten nur noch abgezogen und zusammengeklebt werden mussten.

BARBECUE *and a movie*

Midsummer Magic
BBQ & a Movie

Am Wochenende im Sommer grillt ja jeder gerne. Damit das Ganze noch ein bisschen lustiger wird, habe ich mir das Thema "Barbeque & a Movie" überlegt. Dazu brauchst Du nur 'ne alte Dia Leinwand und einen Beamer. Meistens zeige ich alte Fernsehserien wie "Mit Schirm, Charme und Melone". Der Kuchen steht unter dem Motto "nicht aufwändig, viel Frucht und lecker".

S. 46

GALETTE MIT OBST

Teig:

- 220G Mehl
- 60g MAISMEHL
- 1 Tl. Salz
- 1 Tl. Zucker
- 230G kalte Butter
- 60-100ml KALTES Wasser

Aus den Zutaten einen Teig herstellen (reicht für 2 Galette). Danach kühlen. Nach 30 Min. kannst Du den Teig ausrollen (ca. 3-4 mm dick). Das Obst in der Mitte darauf verteilen, am Rand 5 cm Platz lassen. Den Rand nach innen umklappen, mit etwas Milch bestreichen und mit Zucker bestreuen.

Belag:

- 700G Obst nach Wahl geschält + klein geschnitten
- 70g Zucker (140g bei Rhabarber)
- 1 El. ZITRONENSAFT
- 1/4 Tl. SALZ
- 1 El. Stärkemehl

reicht für 1 Galette, alles mischen

bei 180 Grad 50 Min.

Warm servieren!

Helen's Ice Cream Parlour
Lecker Eis
Vanille
Schoko
Erdbeere

ICECREAM Parlour

helens Kommunion

Der Auftrag war an Helens Kommunion ein Kuchenbuffet für den Zeitraum zwischen Kirche und Beginn des Essens zu machen. Es sollte im Stehen angeboten werden und man musste alle Sachen auch ohne Teller essen können. Für mich war klar, dass es auf keinen Fall langweilig sein durfte + es musste natürlich zu einem Mädchen passen. Da lag die Idee mit dem Eiscreme Stand nahe. Den zu bauen, war allerdings schon wieder schwieriger. Und dann mussten natürlich noch Sachen erfunden werden, die alle wie Eiscreme aussehen, aber nicht wegschmelzen. Die Eiskugeln in Waffeln und die Eisbecher erkläre ich gleich, wie Du die machen kannst. Die Eislollies sind aus farbiger geschmolzener Schokolade.

Information

eis in waffel

Die Waffeln kannst Du eventuell von deiner Eisdiele „abschwatzen". Für die „Eiskugel" verwendest Du einen speziellen Teig auf Rührkuchenbasis, der zerbröselt, und durch ein Icing gut formbar gemacht wird. Nach dem Abkühlen (ca. 30 Min.) setzt Du eine Kugel in die Waffel und tunkst das in geschmolzene Schokolade. Farbe nach Wahl. Dann sofort Zuckerstreusel drauf + dunkle Schoki als „Soße".

Als „Kirsche" ein M&M.

Wichtig: Zum optimalen Trocknen habe ich Löcher für die Waffeln in eine Styropor Platte gebohrt.

S. 50

Rührkuchen:

240g BUTTER
450g Zucker
4 Eier
2 Tl. VANILLE EXTRAKT
360g Mehl
2 TL. Backpulver
1/2 Tl. Salz
240 ML Milch

Butter und Zucker 5 Min. rühren. Danach Eier und Vanille zugeben. Das Mehl mit dem Backpulver + Salz abwechselnd mit der Milch dazugeben. Am besten backst Du den Kuchen in einer flachen, eckigen Form (z.B. 23 x 34 cm). So benötigt er bei 180 Grad C nur ca. 40 Min. In einer Kastenform braucht er ca. 60 Min. Vor dem Zerbröseln gut auskühlen lassen. Der Teig ergibt etwa 20 Eiskugeln.

Vanilla Frosting:

200G Butter
1 Tl. Vanille Extrakt
330g PUDERZUCKER

alles mit dem Handrührer vermischen

Schneide vom gebackenen Kuchen die ganze braune Kruste weg, bevor Du ihn kleinbröselst! Sonst hast Du später braune Flecken in hellen Kugeln. Das Vanilla Frosting gut unter die Brösel kneten. Wenn Du nach dem Formen die Kugel mit der Schokolade überziehst, nimm einen Zahnstocher zur Unterstützung, damit die Kugel nicht rausfällt. Für solche farbigen Glasuren verwende ich oft eine Schokolade von Wilton, die heißt „Candy Melts". Die gibt es in allen Farben und Du kannst sie online bei vielen Versendern bestellen. Das Rezept und die Zutaten kannst du übrigens auch für „Cake Pops" verwenden. Das sind überzogene kleine Kuchenkugeln am Stiel. Vielleicht hast Du die ja auch schon mal irgendwo gesehen? Im Internet findest Du dazu sehr viele tolle Designs.

a place to gather

KITCHEN TABLE

Muffins mit Sahne

Das, was wie Sahne aussieht ist Meringue, gebackener Eischnee mit Zucker!

Für die Muffins habe ich einfach mein Schokokuchenrezept von S. 100 genommen. Dies ergibt immer ca. 20 kleinere Muffins. Bei 180 Grad C brauchen die ca. 20 Min.

Zutaten für Meringue

4 Eiweiß

220g Zucker

1 Tl. Weißweinessig

obendrauf:

200g DUNKLE SCHOKI

1 Tl. Sonnenblumenöl

Du musst das Eiweiß ganz steif schlagen. Danach den Zucker und den Essig dazugeben. Ich habe auf dem Backpapier kleine Kreise gezeichnet, die dem Umfang der Muffins entsprechen. Danach das Papier umdrehen, damit der Stift nicht beim Backen „abdrückt". Die Masse in eine Spritztülle füllen und innerhalb der Kreise spritzen. Bei 120 Grad C eine Stunde backen. Nach dem Abkühlen in die geschmolzene Schokolade (das Sonnenblumenöl macht die etwas flüssiger) tunken. Mit Zucker verzieren und mit Schokolade auf die Muffins kleben.

MACARONS von Julia

Meine Freundin Julia hat Macarons schon in allen Farben hergestellt, da waren die in Deutschland noch gar nicht so richtig bekannt. Eingefüllt in transparente Plastikbecher und mit einer Schleife drauf sehen die super aus und schmecken auch noch richtig gut. Wenn ich also ein Macaron Grundrezept in meinem Buch vorstellen will, dann auf zu Julia und ihr einen Besuch abstatten. Für mich war es auch das erste Mal, die Dinger herzustellen und eines ist ganz klar. Hier muss man wesentlich genauer arbeiten als bei meinen anderen Rezepten. Mit einer sehr genauen Waage, einem Zuckerthermometer, Spritztüten + Tüllen kann aber nichts schiefgehen.

julia's macarons

Have a nice day

Zutaten:

Marzipan Teig:

100g PUDERZUCKER gesiebt
100g Mandelmehl GESIEBT
75G Eiweiß (2-3 Eier)

Zuckersirup:

100g PUDERZUCKER
50 ML Wasser
75g Eiweiß (2-3 Eier)

Den Puderzucker und das Mandelmehl mischen. Das Eiweiß von Hand darunter rühren. Puderzucker in Wasser mit Zuckerthermometer aufkochen, bei 118 Grad C von der Kochstelle nehmen. Eiweiß steif schlagen. In der Küchenmaschine den Zuckersirup in stetem Strom dazugeben und 10 Min. auf hoher Stufe „kalt" schlagen.

HELL
hi there!
HELLO

Den Marzipan Teig in die geschlagene Masse von Hand unterrühren. Wenn Du möchtest, kannst Du den Teig jetzt mit Lebensmittelfarbe einfärben. Die fertige Masse in einen Spritzbeutel füllen. Julia, der Profi, spritzt mit einem „Wilton Tip No. 12". Du kannst die Größe beim Spritzen super einhalten, wenn Du auf ein Backpapier vorher Kreise mit 4,5 cm Durchmesser malst (Backpapier dann umdrehen). 30 Min. ruhen lassen und dann bei 160 Grad C 8-10 Min. backen.

Füllung:

100g weiße SCHOKOLADE
50 ml Sahne ERHITZT
oder
100G Zartbitter Schokolade
100 ml SAHNE erhitzt

Erhitzen, bis Schokolade flüssig ist. Glatt rühren.

Julia rührt auch gerne für einen fruchtigen Geschmack der Füllung noch 1-2 El. Marmelade nach Wahl darunter. Zum Schluss Füllung aufspritzen und zusammendrücken.

bring out the BUNTING

S. 59

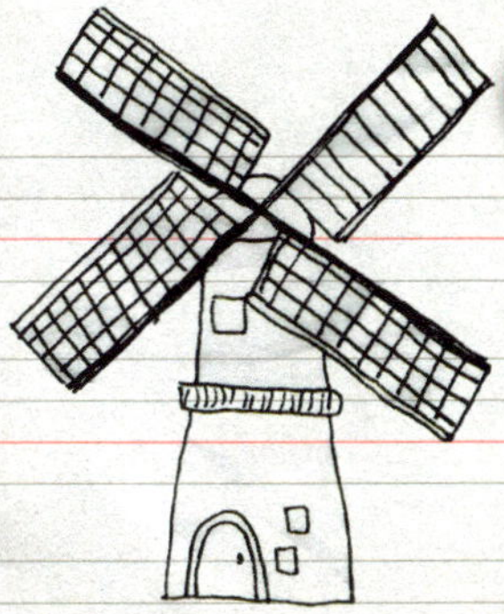

holländischer Appeltaart

Ein beliebtes Ziel als Ausflug am Wochenende ist immer Holland. Auch Sonntags haben dort viele Läden geöffnet und es gibt auch einige Antiquitäten Stores, wo ich immer was finden kann.

Nebenbei halte ich immer Ausschau nach Cafés und probiere mich durch alle Sorten Appeltaart durch. Einen der besten habe ich in Amsterdam gefunden. Die freundliche Dame hat mir sogar ein paar richtig gute Tipps verraten.

s. 60

Teig:

2 Eier
500g MEHL
1,5 Tl. Backpulver
300g kalte Butter
175G brauner Zucker
1 PRISE SALZ
SCHALE 1 Zitrone gerieben

Hier der Tipp No. 1: Nehme den hellbraunen holländischen Zucker, falls Du ihn besorgen kannst. Der ist fein und feucht in der Tüte und er ist zum Backen viel besser als jeder deutsche braune Zucker.

Aus den Zutaten einen Teig machen. Am besten in einer Küchenmaschine mit „Pulse"-Taste. Danach kühlen und mit ca. 3/4 vom Teig eine 24 cm Springform auskleiden. Auch einen Rand formen.

Füllung:

CA. 8 Äpfel
Schale UND SAFT einer Zitrone
75g BRAUNER ZUCKER
2 Tl. Speculaaskruiden nur falls zur Hand
3 Tl. Zimt
1 EL. Stärkemehl

Nun kommt Tipp No. 2: Den besten Geschmack gibt das holländische Gewürz: Speculaaskruiden. Solltest Du also mal nach Holland kommen ... Die Äpfel musst Du schälen, entkernen und klein schneiden.

Alle Zutaten in einer Schüssel mischen. Dann kannst Du die Mischung in die Springform geben. Tipp No. 3: obendrauf den restlichen Teig gar nicht ausrollen, sondern als Streusel darüber geben. Wenn Du ihn lieber als „Deckel" ausrollen willst, kannst Du den Teig mit einem verquirlten Ei und etwas Milch bestreichen. Dann im vorgeheizten Ofen bei 180 Grad C eine Stunde backen. Warm besonders lecker! Mit Eis und Sahne auch.

ADMIT ONE
TOLL
£2.40 SINGLE
50
ADMISSION

Bernadette

Sweet spring

Käse - kuchen

Gehackter Teig!

250 gr. Mehl

1 Prise Salz

1/2 Teel. Backpulver

100 gr. Zucker

1 Vanille - Zucker

1 Ei

100 gr. Butter etwas Milch oder Rahm.

Füllung!

8. Eier getrennt - Eiweiß steif schlagen

1/2 ~~lt~~ Zucker (= 250 gr.)

1 Zitrone Saft u. Schale

1 1/2 Becher Süße Sahne - Sahne auch schlag

750 gr. Mager - Quark

1/2 Päckchen Vanille - pudding

Eigelb u. Zucker schaumig rühren, Saf
einer abgeriebene Zitrone, und da
Vanillepudding, dann den Quar
schlagene Sahne, und zuletzt d
In dem Vorgeheizten Backofen be
x 1 Stunde Backen

Gruß Mama

Das ist so ein typisch deutscher Landfrauen Käsekuchen, der schmeckt einfach immer und zu jeder Gelegenheit!

der klappt immer

entweder in einer sehr großen 32 cm oder in zwei kleinen 18 cm Springformen backen

S. 64

Zutaten Mürbteig:

250g Mehl

1 Prise Salz

1/2 Tl. Backpulver

100G Zucker

1 Tl. Vanille Extrakt

1 Ei

100G Butter

evtl. etwas Milch

Aus den Zutaten einen Mürbeteig herstellen, Mama nennt das einen „gehackten" Teig. Wenn Du ihn geschmeidiger möchtest, nimm etwas Milch dazu. Dann kühlen, ca. 30 Min., ausrollen und in die Springform (Rand nicht vergessen).

Die Füllung:

8 Eier (getrennt) Eiweiß steif schlagen

250g Zucker

SAFT und Schale (gerieben) einer Zitrone

1,5 Becher süße Sahne (steif schlagen)

750G Magerquark oder Schichtkäse

1/2 Päckchen VANILLE PUDDING PULVER

Für die Füllung die Eigelbe mit dem Zucker schaumig rühren. Zitronensaft, Schale und Vanille Puddingpulver dazugeben. Danach den Quark oder Schichtkäse. Zum Schluss die geschlagene Sahne und den Eischnee unterheben. Die Füllung auf den Boden in die Springform geben.

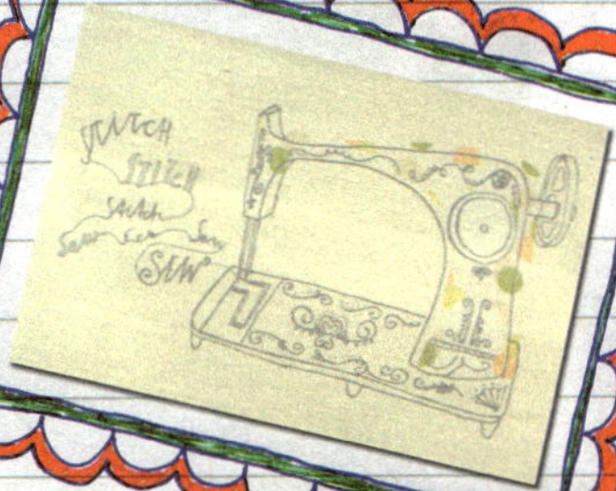

Notes

Im vorgeheizten Ofen bei 180 Grad C ca. eine Stunde backen, kleine Formen nur ca. 45 Min.

Danke Mama!

Gluchow
Der Honigkotten

Pop Up Tearoom
Menu
PLAIN SCONES WITH CLOTTED CREAM
AND HOME MADE STRAWBERRY CONSERVE
AMERICAN CHEESECAKE WITH
BLUEBERRIES
TRIPLE CHOCOLATE CHEESECAKE
CARROT CAKE
RHUBARB CRUMBLE
A SELECTION OF FRESHLY PREPARED
FINGER SANDWICHES

s. 67

Afternoon Tea Party

OPEN

Zum ersten PopUp Tearoom des Jahres, wo endlich mal die Sonne schien, konnten die Gäste teilweise sogar schon mal raussitzen. Endlich! Ich wollte gerne eine ganz traditionelle englische Tea Party machen, aber natürlich "with a twist". Die Dekoration war mit Perlenketten und Taschenuhren überladen, voller blühender Rosen, vintage Geschirr und viel Spitze! Das sah ganz toll aus und ich war sehr happy damit.

S. 68

freshly baked scones

Die Scones dürfen ja bei keiner Tea Party fehlen. Ich mache sie immer frisch, weil sie warm am besten schmecken.

Zutaten:

- 500g **Mehl**
- 70g Zucker
- 2 TL **Backpulver**
- 70G Milchpulver
- 60g BUTTER
- 250 ml BUTTERMILCH
- 1/2 TL **Salz**

Ich wiege das Mehl, Zucker, Backpulver + Milchpulver in eine Schüssel. Dann tue ich die Butterwürfel dazu und vermenge alles mit den Fingerspitzen. Nun kommt noch die Buttermilch + Salz dazu. Es muss einen geschmeidigen Teig geben. Danach den Teig auf 4 cm Dicke ausrollen und mit einer runden Form (ca. 8 cm) Kreise ausstechen. Dabei nur einmal kurz nach unten stechen. Nicht den Cutter drehen, dann geht der Scone am besten auf.

Auf ein Backblech legen. Ich setze sie auch eng, selbst wenn sie an den Kanten zusammenbacken, kannst Du sie danach gut voneinander lösen. Mit Milch bestreichen und etwas Zucker obendrauf streuen.

Bei 180 Grad C ca. 25-30 Min. backen.

Warm mit Erdbeermarmelade + „Clotted Cream" servieren.

„Clotted Cream" bekommst Du in Deutschland nur in besonders gut sortierten Supermärkten oder online.

S. 70

Schokoladen käse kuchen

MY NEW FAVORITE TREAT — LOVED IT (ATE IT ALL)
7 - 8 - 9 - 10

Ich habe das Rezept zum ersten Mal für die Tea Party ausprobiert (und sicherheitshalber mal noch einen anderen gebacken, falls es nichts wird). Als ich dann aber schon an dem Sonntag Nachfragen zu dem Rezept bekommen habe und später in der Woche auch noch E-Mail Anfragen dazukamen, war klar: Der Schokoladen Käsekuchen muss mit ins Backbuch.

THE SWEET Life

Zutaten Boden:

150G Schokokekse
75g WEICHE Butter

Kekse zerkrümeln und mit der Butter mischen. Dann in eine 26 cm Springform pressen ohne einen Rand zu formen.

SCHOKOLADEN KÄSE KUCHEN

Füllung:

340G **Schokolade** Zartbitter geschmolzen

680g **Frischkäse**

200g ZUCKER

3 **Eier**

2 Tl. Vanille Extrakt

240g SAURE Sahne

Mit dem Mixer den Frischkäse + Zucker zusammenrühren. Dann die geschmolzene Schokolade + Eier unterrühren. Zum Schluss Vanille und saure Sahne dazu. Diese Masse auf dem Krümelteig in die Springform gießen und 55 Min. bei 180 Grad C backen.

Ganache:

115g BITTERSCHOKOLADE

80ML **Sahne**

1 Tl. Butter

Alles in einem Topf aufkochen. Glatt rühren und etwas abkühlen lassen. Über den Käsekuchen gießen und am besten über Nacht durchziehen lassen. So schmeckt er am besten.

s. 72

CARTE POSTALE

victoria sponge

EPR. déposée

Das ist mein Dauerkuchen für jede Gelegenheit. Mir fällt jedoch auf, dass ich den immer nur im Sommer mache, weil ich den Kuchen am liebsten mit frischen Beeren fülle. Wenn Du möchtest, kannst Du auch für jeden Gast einen kleinen Victoria Sponge machen, indem du kleine Kreise aus dem großen ausstichst.

recipe:

prep time:

serves:

Zutaten:

300G Butter
300g Zucker
6 EIER
300g Mehl
1,5 TL. Backpulver
1 PRISE SALZ
150ml Zuckersirup

Für den Zuckersirup musst Du 8 El. Wasser mit 100 g Zucker und dem ausgekratzten Mark einer Vanilleschote aufkochen. Anstatt Wasser und Vanille, kannst Du auch Zitronensaft mit 1 El. Limoncello oder Orangensaft mit 1 El. Grand Marnier Likör nehmen. In dem Fall, zum Abrunden, auch in den Teig die Vanille, geriebene Schale der Zitrone oder der Orange geben. Für den eigentlichen Teig zuerst Butter, Zucker und gewünschten Flavour (Vanille/Orange/Zitrone) zusammenrühren. Danach kommen die Eier und zum Schluss das Mehl mit Backpulver und Salz. Den Teig in eine Springform Deiner Wahl füllen. Wenn Du eine 18 cm nimmst, kannst Du ihn später locker 2-mal teilen. Bei einer 26cm Form reicht das dann nur einmal.

tea time with FRIENDS

S. 75

Bei 180 Grad C 30-45 Min. backen (je nach Größe). Wenn Du daraus Muffins machst, dann brauchen die nur 20 Min.

Nach dem Backen am besten 15 Min. auskühlen lassen. Danach mit dem Zuckersirup tränken. Wenn er abgekühlt ist, in Folie wickeln. Der Victoria Sponge wird in England traditionell mit geschlagener süßer Sahne und Beeren oder Marmelade gefüllt. Entscheide selbst, was du magst und wie viel.

Das Teilen geht am besten, wenn der Kuchen über Nacht gestanden hat. Dann krümelt er nicht so stark.

S. 76

CARROT CAKE

MEMORAND

UNREPEATED MESSAGE OF ACTUAL LIFE EVENTS

Dated .... 20__

To ..... kommt immer gut an ....

Origin of Transmission ....

Listed Events	Preferential Value	*All claims for errors or shortage must be made within 3 days of receipt of goods.*
1.		Ich habe schon ganz viele Karottenkuchen probiert –
2.		aber dieses Rezept ist und bleibt einfach das Beste.
3.		
4.		Dazu ist der Kuchen auch noch ganz leicht zu machen. Er hat
5.		sich mittlerweile zum
6.		"Signature Cake" bei den
7.		PopUp Tearooms entwickelt – den gibt es immer.

ISSUED BY ....

FORM 509

Bei meiner Freundin Farina haben die Kinder unbeaufsichtigt das komplette Icing vom Kuchen runtergegessen. Ein "Hoch" auf diese leckere Glasur.

Teig:

100G Walnüsse in der Pfanne geröstet
340g Karotten gehobelt
4 Eier
300g Zucker
240ml Sonnenblumenöl
2 Tl. Vanille Extrakt
260G Mehl
2,5 Tl. Backpulver
1/2 Tl. Salz
2 Tl. Zimt

Eier mit Zucker schaumig rühren. Danach Öl und Vanille dazu. Zum Schluss alle trockenen Zutaten dazu: Mehl, Backpulver, Salz und Zimt. Dann musst Du noch von Hand Nüsse und Karotten unterheben. Den Teig in eine Springform (26 cm) füllen. Bei 180 Grad C 50 Min. backen.

Icing:

60G Butter
230g Frischkäse
230G Puderzucker
1 Tl. Vanille Extrakt
Schale einer Zitrone

alles zusammenrühren

Nach dem Backen kannst Du den Kuchen teilen und das Icing auch dazwischen verteilen. Ansonsten kommt einfach alles Icing obendrauf.

Axel
Achim
Anna
Nina
Julia
Farina
Dani

Jeden den ich kenne macht nebenher irgendwelche Handarbeits-projekte. Häkeln, Stricken, Nähen, irgendwas geht immer. Da lag es nahe, sich sonntags dafür regelmäßig zu treffen. Man kann sich gegenseitig helfen und zu neuen Projekten inspirieren.

Natürlich gibt es beim "Crafty Sunday" auch immer Kaffee+Kuchen.

s. 80

cinnamon rolls

zimtschnecken

Das sind wirklich richtig gute & saftige Zimtschnecken. In USA habe ich sie kennen und lieben gelernt. Du kannst dort sogar zuschauen, wie sie den Teig ausrollen + fertig machen. Was habe ich mir die Nase plattgedrückt und wie ist mir das Wasser im Mund zusammen gelaufen. Mit dem Rezept kann ich jeden Sonntag so tun als wäre ich in Urlaub in USA. Probier's doch auch mal.

Zutaten Teig:

125 g KARTOFFELN
60 g Butter
= Kartoffelpüree

Kartoffeln weich kochen und mit der Gabel zerdrücken, Butter dazugeben.

1 Ei
125 ml Milch
125 ml BUTTERMILCH
1/2 Würfel Hefe
oder 1 Packung Trockenhefe

Zusammenmischen. Ich löse die Hefe immer in warmer Milch auf. Nun die trockenen Zutaten dazugeben.

650 g MEHL
35 g Zucker
3/4 TL. Salz

Nun das Kartoffelpüree dazugeben. Ich knete immer mit der Hand. Du kannst auch die Maschine nehmen.

Zutaten Füllung:

4 EL. Zuckerrübensirup
60 g Butter
2 EL. Zimt
4 EL. ZUCKER

"herrenlose" Katze, die ich anlocken möchte

Eat Me

Nun den Teig 1 Stunde gehen lassen (er muss glatt sein). Nach dem Gehen zu einem Rechteck 25 x 30 cm ausrollen. Die Zutaten für die Zimtfüllung in einem Topf schmelzen und darauf verteilen. Nun alles fest zu einer „Wurst" aufrollen und in ca. 6-7 cm dicke „Rolls" schneiden. Zum Backen gibt es verschiedene Varianten. Einzeln auf's Backblech, oder in einer großen Form alle zusammen. Ich bevorzuge eine große Form, da sind sie am saftigsten. Nun noch mal 30 Min. gehen lassen, dann backen.

Bei 180 Grad C
30 Min.

In USA wird obendrauf noch eine Glasur gegeben. Dazu musst Du nur Puderzucker mit Milch glatt rühren.

Wenn Du Zimt nicht so magst, kannst Du ihn auch weglassen und wie auf dem Foto 200 g Datteln nehmen und mit dem Sirup und der Butter schmelzen. Die Datteln davor 20 Min. in heißem Wasser einweichen und klein schneiden.

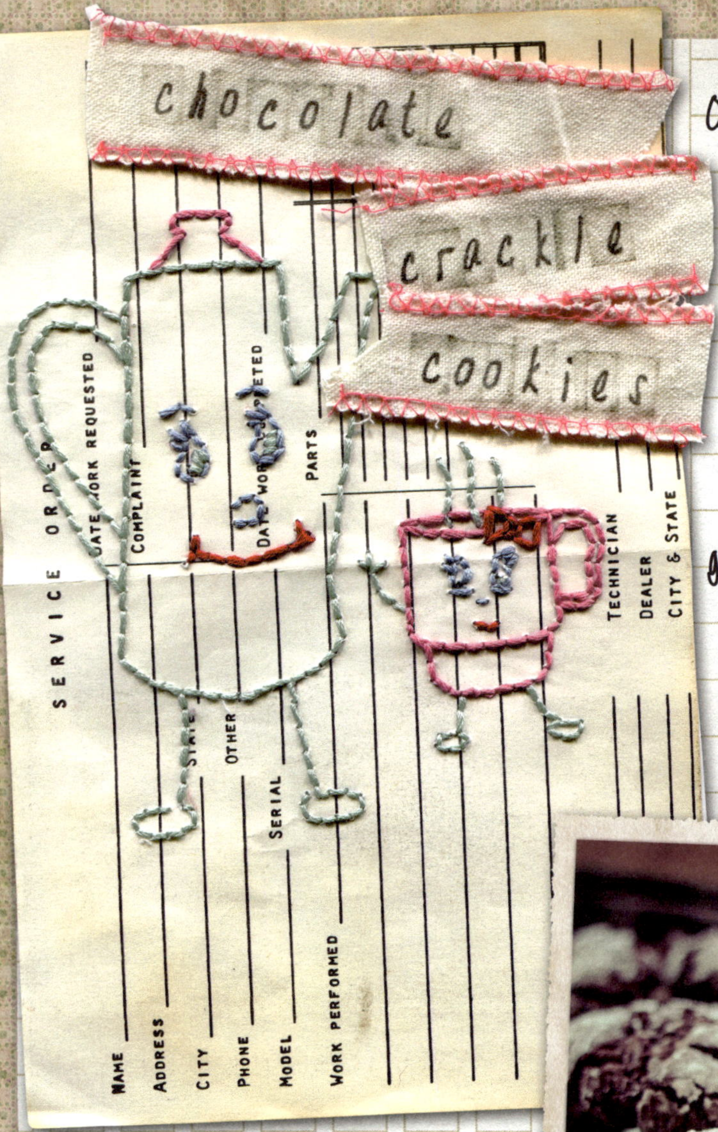

Oh, da war ich natürlich ganz stolz, als der Lasse (ein Nachbarsjunge) geklopft hat, und mich nach diesem Rezept gefragt hat. Ich hatte ihm die Kekse mal auf die Hand zum Probieren gegeben, als ich sie frisch aus dem Ofen geholt habe. Klar, dass Lasse zu seinem Geburtstag von mir Cookies bekam. Weil die so schokoladig schmecken, liebt sie jeder. Im Prinzip ist es so eine Art Brownie Teig, der jedoch als Keks gebacken wird. Durch den Trick mit dem Puderzucker sehen sie auch einfach toll aus.

Zutaten:

- 150g Mehl
- 60G Kakao
- 2 TL Backpulver
- 1/4 TL Salz

} mischen

- 115G weiche Butter
- 300g brauner Zucker

Nicht wundern:
Der Teig ist vor dem Kühlen ganz arg weich und nicht formbar. Nach dem Kühlen geht's.

- 2 Eier
- 1 TL Vanille Extrakt
- 230G Zartbitter Schoki geschmolzen
- 80ML Milch

120g Puderzucker & 120g Zucker zum Wälzen

Mixe das Mehl, Kakao, Backpulver + Salz in einer Schüssel. Rühre diese Mischung zusammen mit der Butter und dem braunen Zucker für einige Minuten. Danach kommen die Eier + Vanille dazu. Zum Schluss noch die Schokolade mit der Milch einrühren, bis es eine Masse ist.

Nun teile den Teig in 4 Portionen. Am besten Du rollst jede Portion zu einer länglichen Wurst mit etwa 2,5 cm Durchmesser. Jetzt gut in Folie einwickeln + in den Kühlschrank (30 Min.).

lace (en-las) v. 1. To wrap with or as if with a
ace or laces. 2. To entwine : interlace.
light•en (en-lit´n) vt. 1. To provide intellec-
ual wisdom. 2. To give information to. 3. To
spoken to the audience after the end of a play. 2.
The concluding section at the end of a literary
work.
e•pit•o•me
1. A brief summary, as
or marked by envy. 2. Eager to emulate.
es•tab•lish
To set in par
and recogni
truth of.
consisting

nce after the end of a play. 2.
the end of a literary
1. A brief summary, as
2. Eager to emulate
es•tab•lish
To set in par
and recogni
truth of.
consisting

play. 2.
literary
nary, as
es•tab•lish (i-stab lish) vt. 1. To
To set in particular location. 3.
and recognized. 4. To found. 5.
truth of.
consisting of steps attached to

Jetzt werden die Kugeln gerollt!

Wenn der Teig fest geworden ist, kannst Du ihn rausholen. Ich mache aus jeder Teigwurst ca. 10 Cookies. Also pro Cookie etwa 2,5 cm abschneiden und als Kugeln formen.

Als Nächstes brauchst Du 2 Schüsseln mit Zucker: dem Puderzucker + dem normalen feinen Zucker. Zuerst werden die Kugeln in normalem Zucker gewälzt, danach in Puderzucker. Du wirst merken, dass beim Kugelformen und Wälzen durch die Wärme Deiner Hände der Teig sofort wieder weich wird und klebt. Einfach sofort Hände waschen, dann geht's wieder. Beim Wälzen nehme ich auch gerne einen Löffel zur Hilfe. Nun kannst Du alle Kugeln auf ein Backblech setzen. Bitte achte auf genügend Abstand, da sie ja noch auseinanderlaufen.

Bei 180 Grad C 12-15 Min. backen.

Eigentlich halten sich die Kekse in einer Dose gut eine Woche. Na Ja, eigentlich ...

HAPPY
BIRTH
DAY

Many many YEARS to come ♡

Wer mich kennt, weiß, meinen Geburtstag feiere ich jedes Jahr und freue mich immer über viele Gäste. Mein "Highlight" ist natürlich immer das Kuchenbuffet, und ich muss dafür auch immer neue Kuchen ausprobieren.

Dieses Jahr waren neu, der Peanutbutter- und der Banoffee Pie. Am Anfang wurde nur zögerlich abgeschnitten und probiert, doch bald schon waren beide Pie Formen leer! Immer ein gutes Zeichen. Was noch interessant zu erwähnen ist, beide Kuchen werden nicht gebacken, sie werden im Kühlschrank fest.

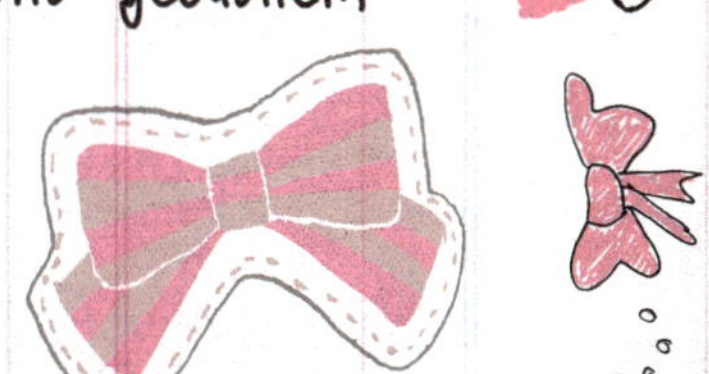

PEANUT BUTTER PIE

Boden:

150G Schokokekse
30g Zucker
85g Butter

Die Kekse krümeln, mit Zucker und Butter mischen + in eine 23 cm Pie Form drücken, ca. 2,5 cm Rand formen. 10 Min. bei 180 Grad C backen.

Peanut Butter Füllung:

230g Frischkäse
240ML Erdnussbutter
115g Puderzucker
2 TL. Vanille Extrakt
120 ML Sahne steif schlagen

Frischkäse mit weicher Erdnussbutter glattrühren. Zucker und Vanille dazugeben. Zum Schluss die steife Sahne vorsichtig unterheben.

Ganache:

120g BITTER SCHOKOLADE

60 ml Sahne

15g BUTTER

Die Peanut Butter Füllung in die abgekühlte Pie Form gießen und ca. 4 Std. in den Kühlschrank. Die Zutaten der Ganache in einem Topf aufkochen und abkühlen lassen.

Bei Raumtemperatur über den Pie gießen. Wenn Du möchtest, streue noch salzige Erdnüsse obendrauf. Am besten kühl lagern.

s. 92

BANOFFEE PIE

Setzt sich aus dem Wort Banane und Toffee zusammen.

Afternoon Forest
Story of the girl wearing red hood.

Boden:

150G Butterkekse
125g BUTTER

Toffee Füllung:

125g Butter
100g **brauner Zucker**
400G Karamell im Glas
1 TL. VANILLE EXTRAKT

Topping:

2 Bananen
2 EL. **Zitronensaft**
1 Blatt Gelatine
2 EL. KAFFEE (HEISS)
255ml Sahne

Obendrauf:

Bitterschokolade GEHOBELT

Story of the girl wearing red hood.

S. 93

Die Kekse musst Du klein krümeln und mit der Butter vermischen. Danach in eine 23 cm Pie Form drücken, möglichst auch einen Rand formen. Für die Füllung die Butter mit Zucker schmelzen. Das Karamell und Vanille hinzugeben und aufkochen. Glatt rühren und auf den Boden gießen. Alles nun etwa 1 Stunde in den Kühlschrank. Bananen in Scheiben schneiden und mit Zitronensaft beträufeln. Wenn der Kuchen kalt ist, die Bananen kreisrund auf das Toffee legen. Für das Topping die Gelatine nach Anleitung auf der Packung einweichen. Danach ausdrücken und in heißem Kaffee auflösen. Nun kommt die Sahne löffelweise dazu. Kurz abkühlen lassen und dann steif schlagen. Auf dem Kuchen verteilen + Schokoraspel obendrauf.

Kühl aufbewahren.

home is where
the cat is

s. 95

MEINE „markt" PRODUKTE

Am Wochenende gehe ich (wahrscheinlich wie jeder) sehr gerne auf Märkte. Am liebsten mag ich so kleine Designermärkte mit selbst gemachten Dingen oder auch im Sommer die Gartenfestivals. Und schon immer wollte ich auch selbst dort einen Stand haben + Sachen verkaufen. Natürlich nicht alleine, ich suche dann jedes Mal nach "Freiwilligen", die auf meine super Idee anspringen. Die Sache ist natürlich dann 10-Mal aufwändiger, als ich mir das am Anfang vorgestellt habe – aber egal! Um den optimalen Stand dekoriert zu haben, wird dann immer alles vorher zuhause aufgebaut. Der arme Mann, der das dann immer alles ertragen muss.

s. 96

Recipe for **GEBACKENES**

from the kitchen of **MÜSLI**

granola

ingredients Für einen Markt habe ich davon ca. 100 Gläser "produziert". Bei der Menge ist die Herausforderung die Backzeit. Denn der Ofen ist mit jeder Portion erst mal belegt. Ich glaube, ich habe bei diesen Vorbereitungen zum ersten Mal alle 4 Backröhren in meinem Herd gleichzeitig in Betrieb gehabt. So konnte ich durchgehend Müsli backen, mit Früchten mischen und in Gläser abfüllen.

Es fällt mir richtig schwer, jetzt dafür ein Rezept zu Papier zu bringen! Ich habe immer Granola zuhause. Ich mache das ständig frisch – ohne Rezept oder so. Immer gerne auch mit neuen Variationen. Für Dich habe ich aber jetzt mal versucht, ein "Grundrezept" aufzuschreiben. Ach ja, hatte ich eigentlich schon erwähnt, dass dieses gebackene Müsli mit nichts zu vergleichen ist, was man bei uns kaufen kann?

Zutaten:

- 180G grobe Haferflocken
- 40g ZARTE Haferflocken
- 50g Kokosraspel
- 70g Mandeln oder andere Nüsse
- 60G Sonnenblumenkerne
- 125ml DISTEL Öl

- 4 EL. Honig
- 1 Tl. Vanille Extrakt
- 1 Tl. ZIMT
- 1/4 Tl. SALZ
- Schale einer ORANGE gerieben
- 100g Kokos gehobelt
- 260G Cranberries

Das Öl mit dem Honig, Vanille, Zimt, Salz, Orange in einem Topf erhitzen. Danach zu den trockenen Zutaten geben und mischen. Auf ein Backblech geben und bei 160 Grad C ca. 30 Min. backen. Erst nach dem Backen das Müsli mit den Cranberries und dem gehobelten Kokos mischen. Luftdicht am besten in einem Glas verpacken.

dream a little
VINTAGE
DREAM

s. 99

Ich muss doch noch ne Seite anhängen, weil es so viele extra Tipps zum Granola gibt. Beim Backen musst Du aufpassen. Immer mal wieder reinschauen und eventuell wenden. Es sollte schon gebräunt werden, aber halt nicht verbrennen! Keine Angst, auf dem Blech wenn es heiß ist, wird es immer weich sein. Die Knusprigkeit kommt erst nach dem Erkalten. Ich gebe absichtlich keinen Zucker dazu, ich mag es nicht so süß. Wenn Du Lust hast, kannst Du noch 40 g braunen Zucker beim Aufkochen mit in den Topf geben. Als Variationen kannst Du jedes Pflanzenöl nehmen, auch Sonnenblumen- oder Kokosöl eignet sich sehr gut. Oft nehme ich auch Ahornsirup anstelle des Honigs. Wenn Du lieber große Stücke möchtest, gib noch 2 Eiweiß in den Topf. Das Granola esse ich am liebsten mit Naturjoghurt und Obst zusammen.

S. 100

RECIPE

from the kitchen of: ANDREAS

EINFACHER SCHOKOKUCHEN

ingredients:

Die Idee war eine Art Backmischung anzubieten, die man auch im Sommer isst. Also keine Kekse oder so. Einen Schokokuchen mag jeder gerne zu jeder Jahreszeit.

Ich habe bei der Backmischung alle trockenen Zutaten in eine Tüte eingewogen und eingeschweißt. Du kannst auch eine Zipperplastiktüte nehmen, wenn Du eine Backmischung so verpacken willst. Das geht auch. Alle flüssigen Zutaten muss jeder dann noch selber dazugeben (Eier, Milch, Butter). Für den Kuchen habe ich dann ein tolles Etikett gemalt und habe alles in eine braune Packpapiertüte gepackt. Band + Tortenspitze drauf und fertig.

Vorne:

Hinten:

In einer Kastenform bei 180 Grad C 60 Min. backen

directions:

250g brauner Zucker 3 TL. Backpulver 335g Mehl 50G Kakao	Das habe ich in die Plastiktüte gepackt.
170g BUTTER 2 EIER 375ml Milch	Mit den trockenen Zutaten mischen.
150g dunkle Schokolade	

RIFLE PAPER CO.

Die dunkle Schokolade hatte ich als Glasur auch mit in der Tüte. Einfach schmelzen und nach dem Backen überziehen.

PASSION FOR marshmallows

Der Herbst bringt S'mores

MARSHMALLOW & SCHOKI & KEKS !

Jedes amerikanische Kind kennt die S'mores!.

Am Lagerfeuer werden die Marshmallows auf lange Zweige gesteckt und gebräunt. Die weiche Masse wird dann zwischen zwei Kekse gepresst, auf die vorher noch ein Stück Schokolade gelegt wurde.

Muss ich noch mehr davon erzählen, oder hast Du jetzt schon Lust drauf bekommen und machst Dir ein Campfire an? Na?

s. 104

BAKING NOTES

RECIPE	OCCASION	SOURCE
Cookies for S'mores		Campfire

INGREDIENTS

190G Mehl
230g BUTTER
190g VOLLKORNMEHL
2 TL. Zimt
1/2 TL. Salz
150g brauner ZUCKER
2 El. Honig
1 TL Backpulver

RECIPE REMARKS

Alles zusammenkneten. Den Teig 10 Min. in den Kühlschrank. Dann ausrollen und ausstechen. Die Hälfte der Kekse mit einem Loch in der Mitte ausstechen. Nochmals 10 Min. kühl stellen.

BEST SERVED WITH: ☐ COFFEE ☐ TEA ☒ NAPKINS ☒ PRIDE

COMMENTS

Ofen auf 180 Grad C vorheizen und Kekse ca. 14 Min. backen.

OVERALL RESULTS: ☐ DISASTROUS ☐ FAIR ☐ GOOD ☒ HEAV

"BAKE YOUR CAKE AND EAT IT TOO"

Außer den Keksen brauchst Du noch 2 Tafeln Schokolade. Du kannst als Starter Vollmich „Schoki" kaufen, oder aber natürlich auch Karamell, Praline, Cappuccino- alle Sorten sind erlaubt! Nimm, was Du am liebsten magst.

Vergiss nicht, noch eine Packung Marshmallows zu kaufen. Du kannst die Zutaten für ein paar S'mores auch schön verschenken! Einfach alles in eine kleine Tüte packen, Schleife und Etikett dranmachen und fertig.

are you a COUNTRY CHICK?

s. 107

A Perfect Day

Stell Dir vor, es ist einer der letzten warmen Tage im Jahr, die Blätter an den Bäumen färben sich orange.

PIE PARTY

im Herbst

POULTRY and EGGS

LK, BUTTER and CR

Country Fresh

Im Supermarkt werden auch schon wieder die Kürbisse angeboten. Es ist Jedes Jahr gleich bei mir – zu diesem Zeitpunkt starte ich die Pie Back Saison. Diese beginnt immer mit einem Pumpkin/Kürbis-Pie. Da ich dann immer meine ganzen Pie Backformen im Schrank wiederentdecke, werden ständig irgendwelche weiteren Pies gebacken.

Cherry Pie,

Chocolate Pie, …

s. 108

genau das Richtige für das „Herbst Feeling"

Pumpkin Pie

(Kürbis Kuchen)

Der Teig:

- 175G Mehl
- 1/2 Tl. SALZ
- 1 El. Zucker
- 115g **Butter** kalt, stückig
- 30-60ML Wasser kalt

Kürbisfüllung:

- 3 EIER
- 450G Kurbispüree
- 120 ML **Sahne**
- 110 g brauner ZUCKER
- 1 El. ZIMT
- 1/2 Tl. Ingwer gemahlen
- 1/2 Tl. SALZ
- 1/2 TL. Nelken gemahlen

handcrafted for you

Kurbispüree in der Dose gibt es nur in speziellen USA Stores. Ich ärgere mich nicht mehr drüber + mache es selbst!

Dafür musst Du einen Hokkaido Kürbis ausnehmen + in Stücke schneiden. Im Ofen weich backen + pürieren. Schälen nicht nötig!

S. 109

Für den Teig nehme ich mal wieder die Küchenmaschine mit der „Pulse"-Taste. Ohne Maschine mit den Händen rasch zusammenkneten! Nimm nur so viel Wasser, damit Du eine Kugel formen kannst. Presse die Kugel flach und kühle den Teig mind. 30 Min. im Kühlschrank. Danach ausrollen und in eine 23 cm Pie Form legen. Nun den Rand formen. Aus den Teigresten steche ich immer noch lustige Formen aus + und lege die vor dem Backen obendrauf!

Für die Füllung:

Alle Zutaten zusammenrühren + in die Pie Form geben. Ca. 55 Min. bei 180 Grad C backen. Den Teigrand eventl. mit Alufolie abdecken, falls er zu dunkel wird.

s. 110

ta-daaaa ...
und hier ist der

Cherry Pie

(Kirsch Pie)

Hmmmm. I like Cherry Pie! Natürlich weil das so ein ganz dünner Teig mit vielen Früchten ist.

Ich habe obendrauf (extra für's Foto natürlich) so ein enges Gitter aus Teig gelegt + noch mit Milch bestrichen für eine schöne Farbe. Um ganz ehrlich zu sein: Das war doch recht aufwändig. Eventl. solltest Du Dir überlegen, einfach den Teig auszurollen und als geschlossenen "Deckel" draufzulegen. Einfach mit dem Messer einige Luftlöcher reinschneiden.

Come and Sit a Spell...

Du kannst anstelle der Kirschen auch Beeren nehmen (Heidel, Him, Brom, Erd).

Teig:

1706 kalte Butter
260g MEHL
1/4 Tl. Salz
1/4 Tl. Backpulver
140G Frischkäse
3 EL. SAHNE
1 EL. Apfelessig

Auch hier wieder ein Fall für die Maschine mit „Pulse"-Taste. Den Teig zu 2 Kugeln formen und 30 Min. kühlen. Danach für den Boden die erste Hälfte des Teigs ausrollen und in eine 28 cm Pie Form legen. Alle Zutaten der Füllung zusammenmischen + in die Form geben. Die zweite Hälfte vom Teig ausrollen + obendrauf legen. (Gitter, Deckel oder Ausstechformen) Mit etwas Milch bestreichen und bei 190 Grad C 50 Min. backen. Auch hier Vorsicht mit dem Rand: evtl. mit Alufolie abdecken, falls er zu schnell zu braun wird.

Füllung:

900g KIRSCHEN (entsteint) oder Beeren
100g ZUCKER
40g Stärkemehl
1/2 Tl. ZIMT
SCHALE 1 Zitrone

perfect
pie
party

My Happiness

a der
b **Chocolate**
c **Pie**
d
e (Schokoladen Pie)
f

Gut, ich nehme an, dass niemand von der "Abnehmfraktion" diesen Kuchen empfehlen würde. Die Füllung spricht für sich. Aber: Hin und wieder sollte sich jeder mal etwas gönnen und so ... Ich schneide mir auch immer nur ein schmales Stück davon ab. Ganz klein nur. Leider dann halt öfters. Mist!

A little bird told me...

...dass auch Du total auf Schokolade stehst.

LIVING IN A *pumpkin*

Teig:

200G Mehl
80g ZUCKER
1 Prise Salz
1 Eigelb
150G Butter
2 El. Kakao

Füllung:

400g Sahne
300g ZARTBITTER Schoki
1 Prise Zimt
1 Tl. VANILLE EXTRAKT
50g ZUCKER
50g Butter
1 Ei + 1 Eiweiß

Für den Teig alles verkneten und 30 Min. kühlen. Danach ausrollen + in eine 28 cm Pie Form legen. Rand formen. Für die Füllung die Sahne in einem Topf erhitzen, die Schoki dazugeben + auflösen. Vom Herd nehmen + Zimt, Zucker, Vanille + Butter unterrühren. Eiweiß zusammen mit dem ganzen Ei unter die Creme rühren. Den Kuchen bei 180 Grad C im vorgeheizten Ofen 50 Min. backen.

FALL PICNIC
join the fun
1862

photo shoot mit nachbar's wagen

Den Oldtimer von Michael hatten wir eigentlich für das Weihnachtskarten Motiv für Danis Laden ausgeliehen. Aber da er nun mal schon vor der Tür stand, wollte ich unbedingt auch ein paar andekorierte Kuchenbilder machen. Also los geht's zum großen Testessen vom Bananenbrot. Das Originalrezept kam schon in meinem englischen "Booklet" immer wieder sehr gut an, sodass ich mir ein paar Varianten für Dich überlegt habe. Das Grundrezept bleibt dabei gleich, es werden nur immer ein paar Sachen dazu "addiert". Probier es einfach mal aus, vielleicht hast Du dann auch einen neuen Favoriten?

s. 118

Hier nun also das Basis Grundrezept für das Bananenbrot. Eigentlich backe ich es immer, wenn die Bananen zuhause schon wieder zu dunkel sind, als das sie noch Jemand essen würde. Für das Brot ist das aber genau richtig. Reife Bananen.

Zutaten Basis Bananenbrot:

150g Butter
180g Zucker
3 Eier
3 Bananen zerdrückt
110 ml Buttermilch
1 TL. Backpulver
1/2 Tl. Salz
350g Mehl
100g Walnüsse gehackt und in der Pfanne "geröstet"

Ich mische die Zutaten immer von Hand. Als Erstes Butter und Zucker zusammenrühren, danach die Eier, Bananen und Buttermilch. Zum Schluss das Mehl, Backpulver und Salz dazugeben und die Walnüsse unterheben. Im vorgeheizten Backofen bei 180 Grad C in einer 25 cm Kastenform ca. 1 Stunde backen.

Warm schmeckt das am allerbesten, auch nach 2-3 Tagen wenn Du es auftoastest.

varianten

mit feigen + ahornsirup

Walnüsse weglassen, 140g getrocknete Feigen (klein geschnitten) und 80 ml Ahornsirup

mit haselnüssen + schoki

anstatt Walnüsse einfach Haselnüsse, 1 El. Kakao und 200 g Schokotropfen

mit erdnussbutter

nur 50 ml Buttermilch, dafür 80 ml Ahornsirup + 140 g weiche Erdnussbutter

S. 120

„Amerikanischer Apfelkuchen"

Nicht zu verwechseln mit der holländischen Appeltaart, oder dem deutschen Apfelkuchen. Beim Apple Pie aus den USA geht alles über den "Pie Crust" – also den perfekten Teig. Der muss eine zartblättrige Konsistenz haben und butterig schmecken. Das funktioniert nur, wenn der Teig stets gekühlt wird. Alle Zutaten müssen kalt sein, der Teig wird vor dem Ausrollen und dem Backen nochmals gekühlt. Für's Foto habe ich ein Gitter obendrauf geflochten. Das war eine Heidenarbeit + schmeckt auch nicht besser. Ich würde das nicht noch mal machen. Einfach glatt einen Deckel aus Teig obendrauf legen, dann allerdings musst Du ein paar Luftlöcher mit dem Messer reinschneiden, oder Formen ausstechen. Die perfekte Pie Backform hat übrigens einen gewellten Rand, in den die Amerikaner verschiedenste Muster mit den Fingern oder der Gabel reinmachen. Wenn Du Lust hast, such mal im Internet unter "Decorative Border Pie Crust". Da findest Du viele Beispiele und wie man sie macht.

S. 121

Zutaten:

170 g kalte Butter in Stücke geschnitten
260 g Mehl
1/4 TL. Salz
1/4 TL. Backpulver
140 g Frischkäse
3 El. Sahne kalt
1 El. Apfelessig

Am einfachsten gelingt die „Crust" in einer Küchenmaschine mit „Pulse"-Taste. Dabei Mehl, Salz + Backpulver hineingeben + einige Sekunden mischen. Den Frischkäse dazugeben und 30 Sekunden mixen. Nun die Butter dazugeben und „pulse" drücken, bis die Butter Erdnussgröße hat. Nun die Sahne + Essig dazutun und wieder „pulse" drücken, bis die Butter Erbsengröße hat. Den krümeligen Teig ausschütten und auf der Arbeitsfläche mit beiden Händen zu einer flachen Form pressen. In Klarsichtfolie wickeln + 45 Min. kühlen.

Die Hälfte des Teiges ausrollen + in die gefettete Form legen und kühl stellen.

friends
are forever
HOMEMADE
vintage feel

Date

Apfelfüllung:

6-8 Äpfel geschält + klein geschnitten

1 El. ZITRONENSAFT

100g brauner Zucker

2 TL. Zimt

1/4 TL. Muskat

1/4 TL. Salz

1 El. Stärkemehl

Alles für die Füllung zusammenmischen + in die Form einfüllen. Die zweite Hälfte vom Teig ausrollen und als Deckel obendrauf legen. Wenn Du eine Form mit gewelltem Rand hast, kommt jetzt die Zeit für den dekorativen Teigrand. Nicht vergessen: Löcher in den Deckel schneiden, damit die Luft entweichen kann.

Im vorgeheizten Ofen bei 200-220 Grad C 1 Stunde lang backen. Der Rand muss evtl. mit Alufolie abgedeckt werden, da er schnell bräunt.

S. 124

Oscars Taufe

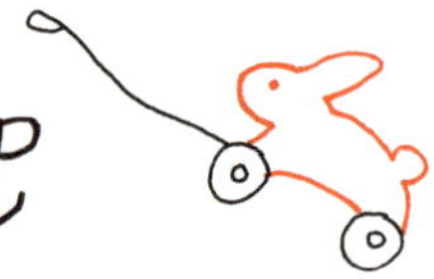

Für Oscars Taufe im Herbst habe ich das Kuchenbuffet gebacken und dekoriert. Für die Deko der Tische habe ich ein Tischset gestickt, für jeden Platz farbkopiert und dann mit Masking-Tape angeklebt.

Da sitze ich zwar "100 Std." beim Sticken, aber das Ergebnis ist dann doch immer sehr toll.

s. 125

bananen pudding

Das Originalrezept ist mit Vanillecreme, Eierplätzchen und Bananen. Mittlerweile habe ich es schon "1000 fach" variiert – das kannst Du auch machen. Probiere doch mal Schokocreme. Oder mach's mit Kirschen, Himbeeren etc. Und anstatt der normalen Kekse habe ich Erdnussbutter oder Schokokekse getestet. Irgendwann kehre ich aber auch wieder zum Originalrezept zurück. Egal wie, es schmeckt immer toll.

s. 126

Zutaten:

1 DOSE gesüßte Kondensmilch

460ml KALTES WASSER

2 Packungen DESSERTCREME VANILLEGESCHMACK

3 Becher süße Sahne

1 PACKUNG Eierplätzchen

5 reife BANANEN in Scheiben geschnitten

Du musst zuerst die Dessertcreme mit der Kondensmilch + dem Wasser mit dem Handrührer mixen, ca. 4 Min. Danach stelle die Creme zum fest werden in den Kühlschrank. Am besten funktioniert das über Nacht. Es ist wichtig, die Creme richtig fest werden zu lassen. Am nächsten Tag die Sahne steif schlagen und die Creme unterheben.

Nun darfst Du schichten: in einer großen Schüssel (oder mehreren kleinen). Zuerst eine Lage Kekse, in kleinen Schüsseln zerbrösel ich die immer. Darüber kommen die Bananenscheiben. Nun ca. 1/3 der Creme darauf verteilen. Das Ganze noch zweimal wiederholen. Du kannst obendrauf zur Dekoration noch Kekskrümel streuen. Die Creme muss dann nur noch vor dem Verzehr mind. 4 Stunden durchziehen.

naturally inspired

der st. martinsumzug in solingen

In Solingen gibt es alljährlich den St. Martins Umzug irgendwann im November. Für uns Zugezogene kam das im ersten Jahr völlig überraschend, denn nach dem Umzug laufen die Schulkinder mit ihren Laternen von Haus zu Haus und singen Lieder für Süßigkeiten. Wie gesagt, im ersten Jahr waren wir nicht gut vorbereitet. Nach mittlerweile 2 Jahren Erfahrung sieht die Sache völlig anders aus: Auf der Veranda an der Haustüre habe ich ein Buffet aufgebaut. Ich muss nur aufpassen, dass überhaupt noch gesungen wird, bevor alles Süße weg ist.

DIE BEIDEN BESTSELLER AM KUCHENBÜFFET!

rocky road kekse

Es geht auch manchmal ganz ohne Backen. Einfach nur Schokolade schmelzen und lauter Sachen dazu tun, von denen ich dachte, dass Kinder sie mögen. Es hat geklappt.

Nimm zum Beispiel:

480G Milchschoki
100g BUTTERKEKSE
80g Marshmallows
gerne auch in rosa
80G Haselnüsse

1. Schoki schmelzen. 2. Kekse in Stücke zerbröseln. 3. Marshmallows klein schneiden und mit Keksen und Nüssen in eine Form geben. 4. Schokolade darüber gießen. 5. Im Kühlschrank fest werden lassen und schneiden.

caramel schnitten

Du darfst jetzt nicht glauben, dass die "Caramel"-Schnitten nur Kindern schmecken. Dem ist nicht so … trust me!

Shortbread/Keks:

170g Butter
50g Zucker
1/2 Tl. Vanille Extrakt
195g Mehl
1/8 Tl. Salz

Karamell Füllung:

180g Butter
110g Zucker
2 El. Zuckerrüben-sirup
180 ml gesüsste Kondensmilch

Schokolade obendrauf:

170g Schokolade Zartbitter
1 Tl. Butter

Den Ofen auf 180 Grad C vorheizen und eine 23 cm x 23 cm Form einfetten.

Shortbread/Keks:

Alle Zutaten zusammenmixen. In die Form pressen und 20 Min. backen, sodass der Keks eine goldgelbe Farbe hat. Auskühlen lassen.

Karamell Füllung:

Butter, Zucker, Zuckerrübensirup und die Kondensmilch im Topf erhitzen, bis die Butter geschmolzen ist. Nun Temperatur erhöhen, bis es blubbert. Etwa 10 Min. blubbern lassen, bis es eine Farbe wie dunkles Karamell hat. Dann auf den abgekühlten Keks in die Form gießen.

Obendrauf:

Schoki + Butter schmelzen. Gleichmäßig über das Karamell verteilen. Vor dem Aufschneiden gut abkühlen lassen.

LET THE
magic
begin

Der kleinste Weihnachtsmarkt

Wir wohnen ja noch nicht so lange im rosa Haus und im ersten Winter haben unsere Nachbarn und wir (2 Häuser gibt es in unserer Straße) überlegt, einen Weihnachtsmarkt zu veranstalten. Die Idee war natürlich, dabei gleich alle anderen Nachbarn aus der Umgebung kennenzulernen.

Ich backe Waffeln und unsere Nachbarn schenken Glühwein aus. Wir finden die Aktion immer noch ganz toll und wollen das nun jedes Jahr machen. Beim letzten Mal hatten wir schon 3 Stände. Dieses Jahr wird in unserer Straße neu gebaut, so freuen wir uns auf weitere Stände auf dem kleinsten Weihnachtsmarkt, meistens am 1. Sonntag im Dezember.

Santa's
WORKSHOP
baby it's
COLD OUTSIDE

Liège Waffles with pearl sugar

Ich versuche natürlich, dass unser Haus zu dem Termin dann extra schön dekoriert ist. Denn vor dem Eingang steht ja dann mein Tisch mit dem Waffeleisen.

BELGISCHE WAFFELN

Warst du mal in Belgien irgendwann + hast Du dort eine Waffel von den Ständen an der Straße probiert?
Wenn nicht, kennst Du sie nicht. Klar, Waffeln kennst du, aber das hier sind die dicken mit dem karamellisierten Zucker.
Hmmmm, wahnsinnig gut.

S. 136

Immer, wenn ich diese Waffeln mache, fragen mich danach alle (auch die Omas) nach dem Rezept. Es ist nicht zu vergleichen mit den bei uns bekannten "Herzchen Waffeln". Es gibt dabei allerdings 2, nein 3 Haken.

1. Du **brauchst** ein Belgisches Waffeleisen. Das ist das mit viereckigen, tiefen Platten.
2. Du **brauchst** den Waffelzucker, den ich bisher nur im Supermarkt in Belgien gesehen habe. Du kannst auch Würfelzucker mit dem Hammer grob zerkleinern. Deutscher Hagelzucker ist zu fein.
3. Der Teig ist ein Hefeteig mit Vorteig. Also aufwändig, aber das Ergebnis ist unbeschreiblich.

S. 137

und hier nun das Rezept für Hefewaffeln

Vorteig:

150G Mehl
100ml WASSER
10g frische Hefe

Teig:

350g Mehl
250G Butter
50g ZUCKER
5 Eier 5g Salz
1 TL VANILLE EXTRAKT
10G frische Hefe
20ml MILCH
250g Pearl Sugar
oder zerkleinerter Würfelzucker

Die Zutaten aus dem Vorteig mit einer Gabel zusammenmischen. In einer abgedeckten Schüssel bei Raumtemperatur mindestens 12 Stunden gehen lassen!

Mehl, Butter, Zucker, Eier, Vanille, Salz und den Vorteig kneten. Die Hefe in der Milch auflösen und dazugeben.

Der Teig (READ THIS) sollte sich vom Schüsselrand lösen.

Nun den Pearl Zucker dazugeben und etwa 30 Sekunden rühren.

Dann muss der Teig noch eine Stunde gehen + es kann losgehen.

Die Waffeln mit dem Waffeleisen backen und mit Puderzucker bestäuben.

S. 138

SCHOKO COOKIES

Schoko Cookies? Wirklich? Es geht um Schoko Cookies? Dabei muss ich sofort und immer wieder an unsere Weihnachtsmärkte denken, an denen wir damit teilgenommen haben. Zum ersten Mal vor 5 Jahren!

Ich hatte damals im Urlaub in den USA so ein Glas gesehen in das eine Backmischung reingeschichtet war, und wollte auch so ein Rezept oder Produkt entwickeln. Gestern Abend habe ich mal wieder die Cookies gebacken und ertappe mich jetzt ständig dabei, in die Kuche zu laufen und zur Dose zu greifen.

s. 139

Zutaten:

- 185G Mehl
- 2 TL. BACKPULVER
- 1 TL. Vanille Extrakt
- 1/4 TL Salz
- 90G grobe Haferflocken
- 250g SCHOKOTROPFEN bitter

- 100g weißer ZUCKER
- 100g brauner Zucker
- 100g Walnüsse GEHACKT
- 1 Ei
- 110G sehr weiche Butter

Mische alle Zutaten mit der Hand oder einem Kochlöffel zusammen in einer Schüssel. Forme aus dem Teig ca. 25 Kugeln.

Du kannst einen Teil der Schokolade auch durch farbige Schoko-Linsen ersetzen, weiße Schokolade nehmen oder einen XXL Cookie in der Springform backen.

Im vorgeheizten Backofen bei 180 Grad C ca. 10-12 Min. backen.

Ähemm ... solltest Du es nicht schaffen, 25 Kugeln zu formen, ist nicht das Rezept schuld! Sondern Du hast zu viel vom Teig "probiert".

HOT CHOC
ORGANIC
COCOA
42%

UGLY SWEATER PARTY

MIT EGGNOG (EIERPUNSCH)

Ich fand die Idee so toll, zu einer "Ugly Sweater Party" einzuladen. Jeder musste seinen hässlichsten Weihnachtspulli anziehen. Es war sensationell. Bernadette hatte ihren noch schnell im Internet bestellt, Ina & Daniel haben "normale" Strickpullis mit Schleifen und anderem Zeugs "gepimpt". Ralph hatte doch tatsächlich einen Pulli an, den er mit 15 Jahren schon bereits getragen hatte.

Dazu einen Eierpunsch gereicht und angerichtet auf dem alten Servierwagen meiner Mama. Das war supertoll und alle lieben Eierpunsch.

- 6 frische Eier
- 240g PUDERZUCKER
- 1/4 TL Muskatnuss
- 500ml MILCH
- 1/2 TL Vanille EXTRAKT
- 500ML süße Sahne
- 180ml Weinbrand
- 80ml RUM

Einfach die vorgekühlten Zutaten mit dem Pürierstab zusammenmixen. Sofort abtrinken! Yummy.

leave no
SHOES
behind

Eggnog Cheesecake

(Eierpunsch Käsekuchen)

Es war ja dann schon auch sehr naheliegend (für mich jedenfalls), dass wenn ich diesen Eggnog so sehr mag, ich mich auf die Suche nach weiteren Backverwendungsmöglichkeiten machen würde. An Silvester was es dann soweit: Es gab den ersten Eierpunsch Käsekuchen serviert, natürlich mit frischem Eggnog im Glas! Was für ein toller Start ins neue Jahr, hehe!

Zutaten für die Füllung:

- 800g Frischkäse
- 150g Zucker
- 2 El. dunkler Rum
- 1 EL. Brandy
- 1 Tl. Vanille Extrakt
- 1/2 Tl. Muskat gemahlen
- 3 Eier

s. 146

hmm... lecker eggnog ... im Kuchen

Für den Boden:

12 Butterkekse

2 El. Zucker

55G Butter

1,5 Tl. Zimt

Am besten geht der Boden in einer Küchenmaschine mit „Pulse"-Taste. Ansonsten alles zusammenmischen und zu einem krümeligen Teig verarbeiten. In einer 22 cm Springform in den Boden pressen + ab damit in den Kühlschrank.

Mixe dann den Frischkäse und den Zucker mit dem Schneebesen. Danach auch alle anderen Zutaten dazugeben, bis es ein geschmeidiger Teig ist. In die Springform füllen und bei 180 Grad C 55 Minuten backen. Das Innere darf noch „wobbly" sein, aber nicht flüssig.

DANRÖSCHEN
SO. WORTH. LOVING

Meine Freundin Dani hat so einen Laden mit schönem Zeugs wie Geschirr, Stoffe und auch Möbel. Jedes Jahr vor Weihnachten macht Dani ein "Special Event", zu dem sie alle ihre Kunden einlädt.

certified
YUMMY
WITH LOVE ♥ WITH LOVE ♥ WITH LOVE ♥ WITH LOVE

DANKRÖSCHEN
SO. WORTH. LOVING

Enjoy the moments that make you happy

Es gibt ein Kuchenbuffet gratis zum "Schnabulieren". Die Kuchen, die ich bei diesem Event mache, müssen neben einem tollen Geschmack Folgendes erfüllen:

- noch nicht zu weihnachtlich sein, da das Event im November stattfindet
- die Kuchen müssen für viele Personen gut teilbar und gut zu transportieren sein

Solltest Du also viele Gäste erwarten und die Christstollenzeit ist noch nicht da, dann nehme am besten eines der folgenden Rezepte.

S. 150

Noel

Mincemeat Shortbread Bars

Jetzt habe ich erst mal kurz gegoogelt, wie ich das Mincemeat korrekt übersetzen kann.
Das ist eine Mischung aus Früchten, Gewürzen & Alkohol.
Die Engländer kaufen das fertig im Glas. Wir Deutschen machen es einfach selber.
Falls Du die Schnitten vielleicht nicht so aufregend findest auf dem Foto ... unterschätze sie nicht. Die sind auf jeden Fall immer der Hit, wenn Du die wo anbietest.
Meine Lieblinge – und auch noch sehr einfach zu machen. I love it.

S. 151

No.

Date

Zutaten für selbst gemachtes Mincemeat:

(Füllung für das Shortbread)

- 2 Äpfel geschält klein geschnitten
- 340ml APFELSAFT
- 85g getrocknete Äpfel
- 240g Rosinen
- 90G Korinthen
- 105g Cranberries getrocknet
- 120g ORANGEAT klein gehackt
- 60G Zitronat
- 105g brauner Zucker
- 120ml dunkler RUM
- 120ML Brandy
- 60g BUTTER
- 1,5 Tl. ZIMT
- 1/2 TL. Piment – gemahlen
- 1/2 Tl. MUSKAT
- 1/2 Tl Nelken
- 1/4 Tl. SALZ

Alles mischen und über Nacht stehen lassen. Ich fülle die Mischung immer in ein großes Glas mit Schraubverschluss denn im Kühlschrank hält sich das die ganze Wintersaison. Für das Rezept benötigst Du nur einen Teil der Mischung. Insgesamt etwa 400 g.

Zutaten:

Teig für das Shortbread:

260g Mehl
20g Stärkemehl
1/4 Tl. Salz
225G Butter
70g BRAUNER Zucker
1 Tl. VANILLE Extrakt

Alle Zutaten zu einem Teig mixen. In einer quadratischen 23 cm x 23 cm Form ca. 2/3 vom Teig (der ist ganz weich) mit dem Löffel reindrücken. Danach musst Du 400 g der Mincemeat Mischung darauf verteilen. Lass am Rand noch 1 cm Platz frei. Obendrauf kommt nun der restliche Teig. Ich verteile das immer fleckenweise, wie bei Streuseln. Das verläuft beim Backen zu einer geschlossenen Ebene. Im vorgeheizten Ofen bei 190 Grad C 30 Min. backen. Bei diesem Rezept ist es besser, aus dem fertigen Kuchen die Vierecke zu schneiden solange er noch warm ist. Der Shortbread Teig enthält sehr viel Butter und bröselt sehr stark, wenn er kalt ist.

s. 153

BIRNE SCHOKO

Zutaten:

250G weiche Butter
3 EIER
1 Tl. Mandelaroma
250g Zucker
200G Mehl
2 Tl. Backpulver
50g VOLLKORNMEHL
100G gemahlene Mandeln
3 TL. Zimt
1 gute Prise MUSKAT

Jeder kennt und liebt Schokolade. Birnen sind aber oft schon so 'ne Sache. Mein Mann mag die gar nicht. In Kombination als Kuchen mit Nüssen und Schokohaube überzeugen sie aber alle. Das ist also mein Rezept für alle, die normal keine Birnen essen.

Die Butter mit den Eiern und dem Mandelaroma zusammenmischen. Danach alle anderen Zutaten (außer 2 EL. Dekonüsse) dazugeben und vermengen.

S. 154

2 gehäufte EL Nüsse zurückbehalten für später.

vorgeheizter Ofen
180 Grad C bei
20 cm quadr.
Backform 60 Min.

№214582

75G gehackte Haselnüsse
75g GEHACKTE Mandeln
50g gehackte MACADAMIAS
100g Zartbitterschokolade gehackt oder Chips
2 BIRNEN geschält + geschnitten

Icing:

100G Vollmilchschokolade
100g ZARTBITTER SCHOKOLADE
300g SAURE Sahne

Zum Schluss Birnenstücke unterheben. Ich muss den Kuchen nach der halben Backzeit immer mit Alufolie abdecken, der wird sonst zu braun. Für das Icing wird die Schoki in einem Topf mit der sauren Sahne langsam erwärmt. Wenn sie geschmolzen ist, muss die Mixtur über Nacht in den Kühlschrank zum fest werden. Am nächsten Tag das Icing auf den Kuchen verteilen und die Dekonüsse darüber sprenkeln.

S. 155

BLAUBEER Schnitten

Noch mal ein Rezept für das Backblech.

Das fruchtige Geheimnis (oder "warum sind die so saftig"?) ist: Es kommen nicht nur Blaubeeren als Frucht obendrauf, sondern auch noch eine dicke Lage Marmelade direkt auf den Boden. Mit feinem Puderzucker bestäubt und in mundgerechte Quadrate geschnitten nimmt jeder garantiert mehr als nur ein Stück, wenn Du die zum Kaffee servierst.

please, please
LET IT SNOW
WITH LOVE
WITH LOVE

Boden:

175g Mehl
1 Prise Salz
50G Puderzucker
100g Butter
1 Zitrone ger. Schale
1,5 Tl Zitronensaft
1 Eigelb

Aus den Zutaten für den Boden einen Mürbeteig machen. Das geht superschnell in der Maschine mit der „Pulse"-Taste. Den Teig kühlen und auf einem Blech ausrollen (ca. 21 cm x 30 cm). Mit einer Gabel mehrmals einstechen. Im Kühlschrank 20 Min. kalt stellen. Ofen auf 180 Grad C vorheizen und Mürbeteig 15 Min. vorbacken. Die Marmelade darauf verteilen. Danach das gemischte Topping und zum Schluss die Blaubeeren drauf. Du kannst die Blaubeeren auch ein bisschen reindrücken in den Teig. Mandeln darauf verteilen und 45 Min. backen. Auch hier wieder: erst nach dem Abkühlen in Vierecke schneiden.

Topping:

125G Butter
125g Zucker
Schale 1 Zitrone gerieben
2 Eier
25g Mehl
175g Mandeln gemahlen

mischen

150g Blaubeermarmelade
200G Blaubeeren
35g Mandeln gehobelt

Let it Snow
Merry Christmas
God jul
Santa please stop here
Welcome
Merry Christmas

hmmm ...

Karamellisierte Walnuss-schnitten

Klingt schon mal richtig gut oder?

Boden:

- 225G **Butter**
- 275g MEHL
- 110g Puderzucker

Obendrauf:

- 200G Butter
- 175g **Honig**
- 3 El. SAHNE
- 60G brauner Zucker
- 400g **Walnüsse** gehackt

Für den Boden alle Zutaten zu einem Teig kneten + auf einem Backblech ausrollen 25 Min. bei 150 Grad C im vorgeheizten Ofen backen. Für das Topping alle Zutaten in einem Topf schmelzen, auf den vorgebackenen Boden geben + weitere 20 Min. backen. Nach dem Erkalten schneiden.

always add
JAM

Die Linzer Torte

Linzer Torte gab es früher schon immer bei uns zu Weihnachten. Mama hat die ganz früh gebacken, meistens auch gleich mehrere, weil die sich sehr lange frisch hält. Schon damals fanden Freunde und Verwandte, dass das die beste Linzer Torte sei. Ich habe das Rezept soweit verändert, dass ich nur selbst gemachte Marmelade verwende (musst Du natürlich nicht) und anstelle des Gitters aus Teig obendrauf, steche ich gerne irgendwelche Sterne oder Tiere aus. Sonst habe ich das Rezept von Mama völlig gleich gelassen.

Zutaten:

250G Butter
250g ZUCKER
300g Mehl
250g **Mandeln** gemahlen
3 TL. Zimt
1 **Messerspitze Nelken**
Schale 1 Zitrone
1 EI

obendrauf:

1 EI + etwas **Milch** verquirlen damit den Kuchen vor dem Backen bestreichen.

Füllung:

500G Schwarze Johannisbeere Marmelade
1 **Gläschen** KIRSCHWASSER

gifts from
SANTA

So wird's gemacht:

Alle Zutaten zu einem Teig verarbeiten. Die Hälfte davon in eine Springform legen und zu einem Boden glatt drücken. Aus dem Anteil auch einen etwa 2,5 cm hohen Rand formen (ich mache gerne 4 kleine Torten aus diesem Rezept, das ist zum Verschenken praktisch). Die Füllung auf dem Boden verteilen. Aus dem restlichen Teig entweder Streifen ausrädeln oder Formen stechen. Danach mit der Ei-Milch-Mischung bepinseln. Im vorgeheizten Backofen bei 180 Grad C 60 Min. backen. Wenn Du 4 kleine Torten machst, die Backzeit auf ca. 35 Min. reduzieren.

I want to live in a GINGERBREAD HOUSE

LEBKUCHEN

die leckeren aus Nürnberg in Größe XXL oder viele kleine in S

In einem Winter haben wir auf Designer Weihnachtsmärkten Riesenlebkuchen verkauft. Wir haben die XXL-Lebkuchen auch in einem Pizzakarton verpackt, den wir weihnachtlich bedruckt hatten. Das Rezept ergibt einen super dicken und saftigen Lebkuchen in einer 26 cm Springform gebacken oder ca. 15 normal große runde Lebkuchen.

S. 166

Zutaten:

180G Mehl

1/2 Tl. Backpulver

1/4 TL. Salz

1 Tl. Zimt

1/2 TL. Ingwer

1/2 Tl. Muskat

1/4 TL. Nelken

80g gem. Mandeln

80g gem. Haselnüsse

in der Pfanne ohne Fett rösten

100G Marzipan klein gewürfelt

80G Aprikosenmarmelade

80g Orangeat

80g Zitronat

in der Küchenmaschine ganz fein gehackt, bröselig

3 Eier

180G brauner Zucker

zum Verzieren:

150g Zartbitter Kuvertüre

ganze Mandeln

Ich mache den Teig immer in einer Küchenmaschine mit „Pulse"-Taste. Zuerst Nüsse & Orangeat/Zitronat mixen. Danach Marzipan dazugeben, alles vermischen.

Ich mag die überraschten Gesichter, wenn ich mit dem XXL-Lebkuchen ankomme und ihn in Kuchenstücke aufschneide. Egal welche Größe, er schmeckt sensationell.

Dasselbe mit der Marmelade, den Eiern & dem Zucker machen. Zum Schluss das Mehl, Backpulver, Salz und Gewürze unterrühren. Der Teig sollte danach 1 Nacht in der Schüssel im Kühlschrank ruhen. Du kannst ihn dort bis zu 3 Tagen aufbewahren.

Backen:

Ofen auf 170 Grad C vorheizen

XXL-Lebkuchen: 30 Min.

S-Lebkuchen: 15-20 Min.

Für die kleinen Lebkuchen: Nimm einen Eisportionierer und mache ca. 15 Häufchen, mit genügend Abstand dazwischen.

Die gehen auseinander. Nach dem Erkalten dick mit Schokolade überziehen.

irish cream sahnelikör

as good, if not better, than the name brand liquor!

Das ist mein Tipp als Mitbringsel, wenn Du Freunde in der Weihnachtszeit triffst. Alle werden begeistert sein. Und dazu auch noch selbst gemacht!

Zutaten:

- 4 ganz FRISCHE Eier
- 1 Tl. BITTERMANDEL Aroma
- 250ml süße SAHNE
- 1,5 Tl. VANILLE EXTRAKT
- 1 DOSE gesüßte Kondensmilch
- 250ML Whiskey
- 2 Tl. Karamellsirup
- 2 TL. Instant Kaffee Granulat

Ich nehme den Sirup, der eigentlich für Eiscreme ist. Du kannst auch Schoko Sirup nehmen.

Hmm, Ja, es ist tatsächlich ein Rezept mal ohne Zucker. Super! Aber ich glaube das Ergebnis hat es dennoch in sich ... Slurrp!

S. 169

Ich mixe alle Zutaten in einer Schüssel mit dem Pürierstab zusammen. Wenn ich einmal größere Mengen (Kollegen, lange Party) benötige, muss auch schon mal die „Kitchen Aid" ran.

Zeit zum Zubereiten: 10 Minuten oder so. Geht ganz schnell.

Zum Verschenken habe ich den Likör in kleine Flaschen abgefüllt.

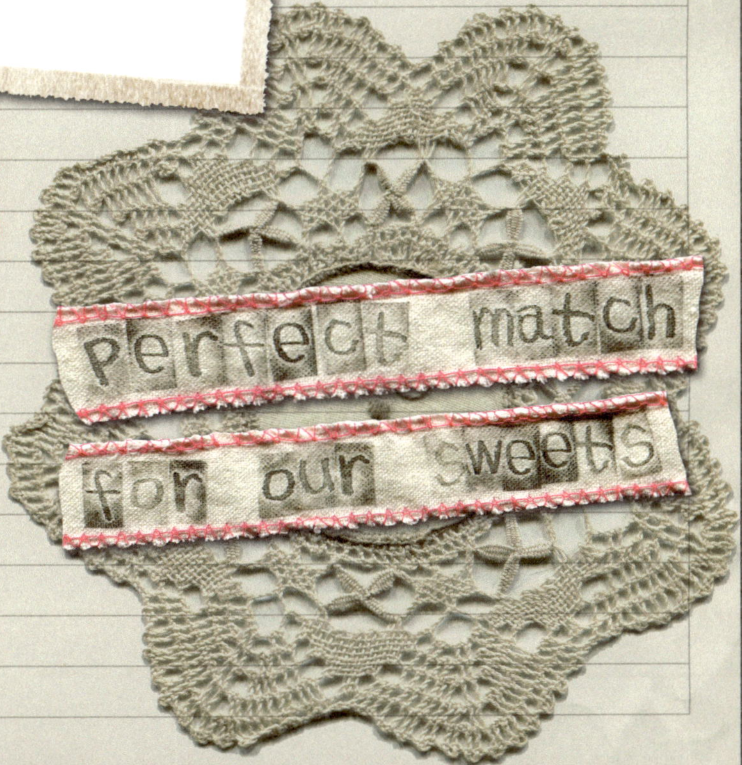

let's
eat some
COOKIES

cookie crafting

Sicherlich kann ich Dir jetzt hier ein paar der typischen Weihnachtskekse vorstellen. Aber jeder kennt die + ich wollte Dir gerne etwas anderes zeigen.

s. 172

to Peanut Butter Cookies

(for peanut butter lovers)

Die Schwierigkeit bei diesem Rezept besteht darin, nicht den ganzen Teig bereits ungebacken wegzuessen.

Zutaten:

- 100g Butter (beide weich)
- 140g Erdnussbutter
- 1 TL. Vanille Extrakt
- 220g brauner Zucker
- 1 Ei
- 185g Mehl
- 1/4 Tl. Natron
- ganze Mandeln zum Verzieren

Butter, Erdnussbutter, Vanille & Zucker gut verrühren. Danach das Ei, Mehl und das Natron zugeben. Den Teig 5 mm dick ausrollen + für 30 Min. in den Kühlschrank legen. Ofen auf 180 Grad C vorheizen. Cookies ausstechen, Mandeln reindrücken + für 12-14 Min. backen.

SEW A LITTLE HAPPINESS

Zitronen Mandel Kekse

S. 173

Die schmecken nicht nur gut, sondern ich nehme die auch gerne, um sie an den Baum zu dekorieren. Einziges Problem hier: Schlaue Gäste naschen die eventuell und der Baum ist leer.

Zutaten:

- 90G Butter
- 220g ZUCKER
- 120g Mandeln gemahlen
- 150G Mehl
- Schale 1 ZITRONE
- 1/2 TL. BACKPULVER
- 60ML Zitronensaft
- Puderzucker zum bestäuben

Alles mixen, Teig in 5 mm Dicke ausrollen + 30 Min. kühl stellen. Dann ausstechen. Im vorgeheizten Ofen bei 160 Grad C 10-12 Min. backen. Danach mit Puderzucker bestäuben.

Chaleur
With love
METROPOLITAIN
have yourself a merry little Christmas
Merry X-Mas
Rudolph's Noses
Santa's cookies
HOLLY DAYS

s. 175

Orangen-Kekse

Das sind meine "allround" Cookies!

Die schmecken immer, Sommer wie Winter und der Teig ist super zu verarbeiten und nichts verläuft. Hier wollte ich mit Holzstäbchen lustige Muster reinpieksen: Es hat geklappt!

Zutaten:

- 200G Butter
- 200g ZUCKER
- 1 Ei
- 400g MEHL
- Schale 1 Orange gerieben (oder Zitronenschale, oder 1 Tl. Vanille Extrakt)

Alle Zutaten mixen. Teig 5 mm dick ausrollen + für 30 Min. in den Kühlschrank. Danach ausstechen. Bei 180 Grad C im vorgeheizten Ofen 10 Min. backen.

S. 176

Bratapfel Füllung

Ich weiß ja nicht, wie das bei Dir ist, aber an Weihnachten brauche ich immer 1.000 kleine Geschenke für Nachbarn, Kollegen etc. Deshalb hatte ich die Idee, ein Rezept für eine Bratapfelfüllung zu entwickeln, die man in kleine Gläser füllen (viele Geschenke) und auch noch schön verpacken kann. Ich koche das wie Marmelade mit Gelierzucker, das hält dann auch Monate. Ist aber in der Regel ganz schnell weg. Schmeckt übrigens auch lecker aufs Brot.

Zutaten:

- 100g KORINTHEN
- 100g Rosinen in Rum am Vortag eingelegt
- 200ml Saft Apfel oder Kirsche
- 100G Marzipan klein geschnitten
- 500g GEMISCHTES getrocknetes Obst BSP: Aprikosen, Zwetschgen, Cranberries
- 200g MANDELSTIFTE in der Pfanne geröstet
- 300g Äpfel (geschält & klein geschnitten)
- 750G 2:1 Gelierzucker

Alles zusammen in einem großen Topf sprudelnd aufkochen lassen (nach Angabe vom Gelierzucker). Danach sofort in Gläser mit Schraubverschluss abfüllen.

With love

With love

Etikett drauf. Fertig!

CHRISTMAS
afternoon tea

s. 179

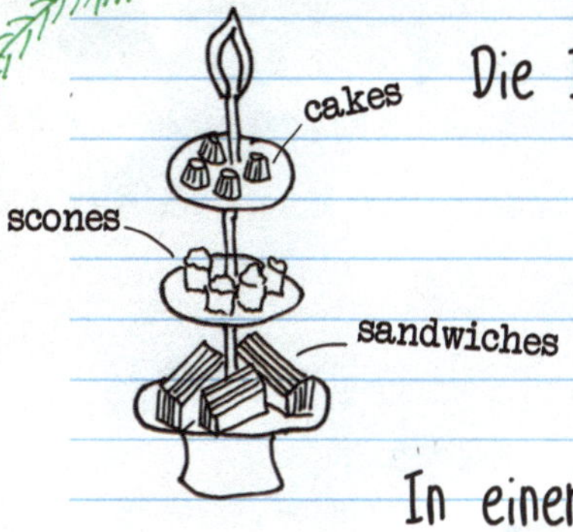

Die Idee zum **PopUp Tearoom** hatte ich vor etwa 1 Jahr.

In einem englischen Heft war ein Artikel darüber, dass es in England überall verstreut im ganzen Land Leute gibt, die zu einem bestimmten Termin und Uhrzeit ihr Wohnzimmer ausräumen, um daraus einen Tearoom zu machen. Fand ich super, habe ich auch gleich meinen Mann überzeugt und im Sommer damit gestartet.

Zur Erklärung:

Anmelden kannst Du Dich per E-Mail bei mir.

Erwarten kannst Du einen echten englischen Afternoon Tea! in einer super gemütlichen Atmosphäre, wunderschön dekoriert alles! Vor Weihnachten habe

ich alle Sonntage für einen special XMas PopUp Tearoom angeboten. Da die Nachfrage so krass war, habe ich dann doch auch noch Samstagstermine hinzugefügt. Wow, das war Hammer viel Arbeit, aber auch sehr toll, so viele nette Leute kennenzulernen. Mein Mann war für die Getränke und Sandwiches zuständig. Ich freue mich schon auf die nächsten Termine.

s. 181

Pumpkin Spice Cake

(Kürbis Gewürz Kuchen)

Bitte keine Vorurteile hier haben. Beim Karottenkuchen schmeckst Du die Karotten auch nicht.

Der Kürbiskuchen ist sehr, sehr lecker. Da das Kürbispüree in Deutschland nicht, oder nur selten, zu kaufen ist, kannst Du es auch selber machen:

Hokkaido Kürbis in Spalten schneiden + im Ofen bei 150 Grad C etwa 15 Min. weich backen. Danach mit der Gabel zu Brei zerdrücken.

homemade temptations

TREAT YOURSELF

Zutaten:

115g BUTTER
270g brauner Zucker
2 Eier
200G Zucker
240ml PUMPKIN Püree
1 TL. Vanille Extrakt
200g MEHL
1,5 Tl. Backpulver
1/2 TL. Salz
2 Tl. ZIMT
1/2 Tl. Ingwer
beides gemahlen
1/4 Tl. Nelken
120 ML. Buttermilch

Vermische mit dem Handmixer die Butter + Zucker. Danach die Eier einzeln dazugeben. Nacheinander die restlichen Zutaten unter Rühren in den Teig geben. Entweder in einer Kastenform oder in zwei 20 cm Springformen im vorgeheizten Backofen bei 180 Grad C backen. (Kastenform 50 Min., Springform 30 Min.)

Alles für das Icing zusammenrühren und nach dem Abkühlen den Kuchen bestreichen. Die beiden runden Kuchen damit zusammensetzen.

Icing:

230G Frischkäse
60g BUTTER
2 El. Ahornsirup
230g Puderzucker

APFEL-ZIMT SCONES

Scones sind englische Teeküchlein, die mit Clotted Cream und Marmelade gegessen werden. Im Sommer mache ich zum PopUp Tearoom immer die klassischen Scones. Jetzt im Winter wollte ich gerne mal was anderes anbieten, und habe diese Variante mit Apfel und Zimt gebacken. Die kamen sehr gut an, werden auch etwas anders gemacht. Sie werden nicht ausgerollt und auch nicht ausgestochen. Ich würde sagen mehr als 10 Min. brauchst Du für dieses Rezept nicht, es geht also super schnell. Den Apfel habe ich in kleine Stücke geschnitten. Du kannst ihn aber auch raspeln. Schälen brauchst Du ihn nicht.

Zutaten:

- 380g Mehl
- 65g Zucker
- 3/4 Tl. Salz
- 1 Tl. Backpulver
- 3 Tl. Zimt
- 110g Butter
- 1 kleiner Apfel
- 2 Eier
- 1 Tl. Vanille Extrakt
- 110g Apfelmus

Topping:

3 El. Zucker
1 TL. Zimt

Mische alle Zutaten zusammen. Ich mache das bei den Scones von Hand und nicht mit der Küchenmaschine. Teile den Teig in 2 Hälften. Presse jede Hälfte rund auf ein Blech. Die Höhe des Teigs sollte ca. 2 cm sein. Streue dann das Topping obendrauf. Am besten nun noch 30 Min. kühl stellen, damit der Teig auch in Form bleibt. Im vorgeheizten Ofen bei 200 Grad C ca. 25 Min. backen. Nach dem Backen jede Teigplatte in 6 Stücke wie einen Kuchen aufschneiden. Die Scones schmecken warm am besten.

S. 186

Im Winter biete ich zu den Scones neben der Clotted Cream gerne selbst gemachte Brandy Butter an. Die schmeckt auch sehr gut auf Toastbrot oder zum Hefezopf.

Brandy Butter:

100ml Brandy (Weinbrand)
60g **Puderzucker**
250G weiche Butter

Alle Zutaten am besten mit einem Pürierstab zusammenmischen. Dann in ein Glas füllen und ab in den Kühlschrank.

brownie cheese cake

Was gibt's Besseres als saftige Brownies?
Und was gibt's Besseres als einen leckeren Käsekuchen?
Deshalb darf ich vorstellen, beides vereint:
den Brownie Käsekuchen!

Butter und Schokolade in einem Topf schmelzen. Vom Herd nehmen und Zucker einrühren. Die Eier und die Milch unterrühren.

Zutaten Brownie:

- 120g Butter
- 100g Mehl
- 120g Zartbitter Schokolade
- 200G Zucker
- 2 Eier
- 60ml Milch

Mehl darüber sieben + unterheben. In eine 23 cm Springform füllen und glatt streichen. Im vorgeheizten Backofen bei 180 Grad C ca. 25 Min. backen. Hitze auf 160 Grad C reduzieren.

Zutaten Käsekuchen:

- 500G Frischkäse
- 150g ZUCKER
- 3 Eier
- 1 Tl. Vanille Extrakt
- 125G Naturjoghurt

Für den Käsekuchenteig den Frischkäse mit Zucker und Eiern mischen. Joghurt dazugeben. Dann die Creme auf den Brownie Boden verteilen. Weitere 50 Min. backen, bis die Käsemasse fest ist. Vor dem Schneiden am besten über Nacht auskühlen lassen.

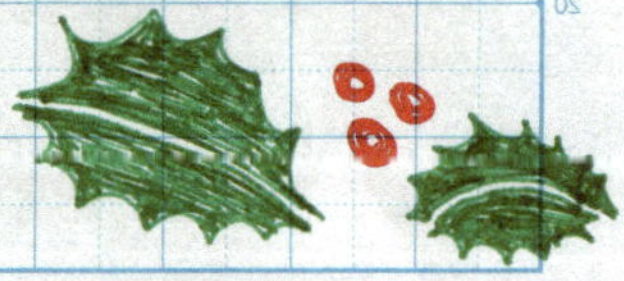

Christstollen Konfekt!

Christstollen, ca. 3/4 Stück
250 g geschälte gestiftete Ma
500 g Rosinen
25 g Korinthen
00 g Zitronat
00 g Orangeat
1 Zitrone, abgeriebene Schale
2 Gläschen Rum (evtl. mehr)
kg Mehl

Noch bis vor kurzer Zeit mochte ich überhaupt gar keinen Christstollen. Die waren alle aber auch immer schrecklich trocken und langweilig. Bis ich einmal den von meiner Schwiegermutter probiert habe, hmmm. Das war natürlich eine andere Hausnummer. Seitdem bin ich unter die Stollenbäcker gegangen und es gibt kein Weihnachten mehr ohne.
Aus ihrem Originalrezept kannst Du 3-4 Stollen backen, oder etwa 3 Bleche mit kleinem "Stollenkonfekt" (so nenne ich das). Ich mache das in Backblechen mit ganz kleinen quadratischen Formen.

S. 190

Zutaten:

250g GESTIFTELTE MANDELN
vorher angeröstet

500g Rosinen

125g Korinthen
die kleinen schwarzen

100G Zitronat

100g Orangeat

1 ZITRONE
Saft + ger. Schale

4 Schnapsgläser RUM

mischen & über Nacht ziehen lassen

1KG Mehl

175g ZUCKER

120g Hefe

250ML lauwarme Milch

750g Butter (weich)

PUDERZUCKER
(ich nehme auch gerne ein Zimt-Zucker-Gemisch zum Bestreuen)

Zucker, Hefe und Milch zu einem Vorteig vermengen und 15 Min. gehen lassen. 600g Butter und Mehl untermischen. Angesetzte Fruchtmischung gleichmäßig darunter kneten. 30 Min. gehen lassen. Jetzt entweder die Bleche für das Stollenkonfekt fetten und Teig einfüllen oder 3-4 Stollen formen. Für die Stollen aus gefalteter Alufolie ca. 5 cm breite Manschetten rund um den Teig legen und mit Zahnstochern fixieren. Noch mal 15 Min gehen lassen. Bei vorgeheizten 175 Grad C 50 Min. (ganze Stollen, mit Manschetten) oder 30 Min. (Konfekt) backen. Danach sofort mit übriger Butter bestreichen und mit Puderzucker bestäuben.

INDEX

Edel Books
Ein Verlag der Edel Germany GmbH

Neumühlen 17, 22763 Hamburg
www.edel.com
3. Auflage 2014

Projektkoordination:
Constanze Gölz

Konzept, Texte und Rezepte:
Andrea Stolzenberger

Fotografien:
Achim Fettig
Foodstyling:
Andrea Stolzenberger

Design, Layout und Umschlaggestaltung:
Achim Fettig mit Andrea Stolzenberger
Lithografie: Frische Grafik, Hamburg
Druck und Bindung: optimal media GmbH,
Glienholzweg 7, 17207 Röbel/Müritz

Printed in Germany
ISBN 978-3-8419-0255-9

good things
come to those
WHO BAKE

andreas
rezepte
4×1=
kekse
200g butter
200g zucker
1 ei
400g mehl
15
18
21
24
27